Ingeborg und Jürgen Müller-Hohagen

# Montessori –
# das Richtige für
# mein Kind?

## Ein Orientierungsbuch

Kösel

**FSC**
Mix
Produktgruppe aus vorbildlich
bewirtschafteten Wäldern und
anderen kontrollierten Herkünften
Zert.-Nr. SGS-COC-1940
www.fsc.org
© 1996 Forest Stewardship Council

Verlagsgruppe Random House FSC-DEU-0100
Das für dieses Buch verwendete FSC-zertifizierte Papier
*Munken White* liefert Arctic Paper Munkedals AB, Schweden.

Copyright © 2008 Kösel-Verlag, München,
in der Verlagsgruppe Random House GmbH
Umschlag: Elisabeth Petersen, München
Umschlagmotiv: Masterfile
Druck und Bindung: GGP Media GmbH, Pößneck
Printed in Germany
ISBN 978-3-466-30792-0

www.koesel.de

# Inhalt

# Einleitung

Viele Eltern machen sich heute große Sorgen um die Zukunft ihrer Kinder. Die Lebensverhältnisse sind so unübersichtlich, der Arbeitsmarkt ist schwer überschaubar, die mit dem Wort »Globalisierung« bezeichneten weltweiten Veränderungsprozesse wecken Angst. So fragen sich viele Eltern: Wie kann unser Kind da nur bestehen, wie kann es glücklich sein, was braucht es für ein Leben, das sich erfolgreich nennen lässt?

Und da sich in den Jahren zwischen Kindergartenzeit und Berufsausbildung sehr viel entscheidet, stellt sich die zentrale Frage: Welche Schule ist am besten für mein Kind? Und in dem Zusammenhang: Ist Montessori vielleicht das Richtige?

Diese Frage versuchen wir von Anfang bis Ende des Buches für Sie zu beantworten. Sie ist unsere Leitlinie.

Wo viel Unsicherheit und Angst herrschen, verengt sich leicht der Blick, und es werden schnelle Lösungen gesucht und gutgläubig Heilsversprechungen geglaubt. Gerade das möchten wir hier nicht anbieten. Vielmehr laden wir ein zum ruhigen Kennenlernen eines bestimmten pädagogischen Konzepts, das eine von verschiedenen Alternativen darstellt zum staatlichen Schulsystem. Wir möchten zeigen, was an Montessori-Schulen vor sich geht, im Unterricht, in der Elternarbeit, in der Organisation, in der Ausrichtung auf gesellschaftliche Fragen und den Perspektiven zur Arbeitswelt.

Was ist das Besondere an dem, was Maria Montessori herausgefunden und praktiziert hat? Was ist das Faszinierende an dieser Pädagogik? Und wie sieht die heutige

Wirklichkeit an Montessori-Schulen aus, mittlerweile immerhin ein Jahrhundert nach den ersten bahnbrechenden Vorstößen der italienischen Ärztin und Reformpädagogin? Wie passen deren Konzepte mit den aktuellen Anforderungen aus Wirtschaft, Politik, Gesellschaft zusammen? Worin liegt das Geheimnis des Erfolges, den Montessori-Schulen heute haben?

Seit Jahrzehnten und immer noch zunehmend erfreuen sie sich eines enormen Interesses. In manchen Ländern, insbesondere in Skandinavien, ist diese Pädagogik tief in das öffentliche Schulsystem eingeflossen und hat dazu beigetragen, es grundlegend umzugestalten. Anderswo, so auch überwiegend in Deutschland, bilden spezielle Montessori-Schulen eine Alternative zu den staatlichen Schulen und heben sich von diesen in ihren Konzepten, Finanzierungen und Organisationsformen ab. Allerdings gibt es in manchen Bundesländern auch staatliche Montessori-Schulen.

Auf der Grundlage langjähriger Erfahrungen sind wir beide sehr überzeugt von den hohen Qualitäten der Montessori-Pädagogik. Doch können diese sich nur dann wirklich entfalten, wenn von Anfang an kritisch geprüft wird, ob das konkrete Kind und – nicht zu vergessen – die konkreten Eltern mit diesem pädagogischen Weg und auch mit der jeweils vorhandenen Schule zusammenpassen. Wir halten nichts vom Überstülpen irgendwelcher Konzepte, und seien diese noch so gerühmt. Dabei geht zu leicht der individuelle Mensch verloren mit all seinen Talenten, Wünschen, Interessen, Neigungen. Wir werden deshalb im Folgenden in vielen Beispielen von einzelnen Kindern, Jugendlichen und Erwachsenen berichten, von ihrem Weg durch das weite Entwicklungsfeld, das sich »Schule« nennt.

Was uns beide, die Verfasser dieses Buches betrifft, so befinden wir uns im tagtäglichen Austausch über Montessori-Themen sogar länger, als wir miteinander verheiratet sind. Und das macht mittlerweile auch schon mehr als 25 Jahre aus!

Ingeborg war von 1978 bis 1994 an der Montessori-Schule der Aktion Sonnenschein in München tätig, die von Professor Hellbrügge als erste Montessori-Schule in Bayern gegründet wurde. Sie hat dort in Integrationsklassen mit behinderten und nicht behinderten Kindern gearbeitet und war wesentlich am Aufbau der Sekundarstufe beteiligt. Zu Beginn dieser Zeit hat sie den zweijährigen AMI-Kurs (Association Montessori Internationale) belegt und das Montessori-Diplom erworben. Von 1994 bis 2003 war sie Rektorin der Montessori-Schule Wertingen bei Augsburg. Auch hier widmete sie sich besonders dem Aufbau der Sekundarstufe einschließlich des von ihr selbst politisch miterkämpften M-Zweigs, der zur mittleren Reife führt. Außerdem wurde in dieser Zeit an der gesamten Schule die Altersmischung eingeführt. Zugleich war sie stets auch Klassenlehrerin und somit voll in der täglichen Praxis aktiv.

Darüber hinaus gibt Ingeborg seit vielen Jahren Ausbildungskurse in Montessori-Pädagogik, hält Vorträge, bietet Supervision und Coaching für Schulen an. Dies findet meist im Rahmen des Montessori-Landesverbands Bayern statt, in dessen Vorstand sie seit 2000 ehrenamtlich mitarbeitet. Sie gehört zum Leitungsteam der Montessori-Bildungsakademie (MoBil) in Bayern und ist Lehrbeauftragte an den Universitäten München (LMU) und Augsburg.

Ohne dass wir uns erst dort kennengelernt hätten, war Jürgen von 1979 bis 1986 in institutioneller Nähe zu Ingeborgs damaliger Schule tätig, nämlich an der Ambulanz des Kinderzentrums München bei Professor Hellbrügge, wo die Montessori-Pädagogik einen wichtigen Platz einnimmt. Dort arbeitete er als Psychologe und Psychotherapeut vor allem mit behinderten Kindern und ihren Familien. Über die damals erst beginnende Psychotherapie mit diesem Personenkreis veröffentlichte er 1987 sein erstes Buch.[1] Ab 1986 übernahm er die Leitung einer Erziehungs- und Familienberatungsstelle in evangelisch-diakonischer Trägerschaft in München. Diese ist zuständig für ein Gebiet mit besonders vielen sozialen Schwierigkeiten. Hier hat er seitdem viel mit Themen rund um die Schule zu tun. Das reicht von Diagnostik bis zu Hausaufgabendramen und Schulverweigerern. Er konnte es ermöglichen, dass an seiner Beratungsstelle auch eine Montessori-Pädagogin arbeitet, die sich vor allem der Förderung von bildungsmäßig benachteiligten Kindern im Kindergarten- und Grundschulalter widmet.

Ein ganz anderes Spezialthema entwickelte sich bei Jürgen seit Mitte der 80er-Jahre des 20. Jahrhunderts, nämlich innerhalb der beratenden und psychotherapeutischen Arbeit die Erforschung von seelischen Nachwirkungen der NS-Zeit.[2] Auch dies ist ein Thema, über das wir beide uns sehr im Austausch befinden. Ein wesentlicher Hintergrund war unser 1982 erfolgter Umzug von München nach Dachau. Von diesen Erfahrungen her haben wir uns immer wieder gefragt: Wie sähe wohl heute die Schullandschaft in Deutschland aus, wenn es das NS-Reich nicht gegeben hätte, wenn vielmehr die zahlreichen reformpädagogischen Ansätze sich einigermaßen ungestört hätten entwickeln können?

Dass man sich zwischen den Bereichen von Schule und Jugendhilfe (Erziehungsberatung ist Teil von Letzterer) so intensiv austauscht, wie wir beide das seit bald 30 Jahren tun, kommt nicht allzu häufig vor. Hier gibt es noch viele Verständigungsbarrieren. Auch von daher war es uns wichtig, dieses Buch gemeinsam zu schreiben. Dabei stehen entsprechend der Thematik Ingeborgs Schulerfahrungen im Vordergrund, doch haben wir alles gemeinsam durchdacht, diskutiert, hin und her bewegt. Unsere Perspektiven haben sich durchdrungen.

Die zentralen Arbeiten am Buch haben wir beide nicht in unserem eher unruhigen Alltag erledigt, sondern unter entspannteren Bedingungen in unserer zweiten Heimat, einem ligurischen Bergdorf mit seiner relativen Abgeschiedenheit und großen Ruhe, doch mit freiem Blick auf die Weiten des Mittelmeers – auch so konnten wir uns der Urheberin der Montessori-Pädagogik nahe fühlen.

# »Das hier soll eine Schule sein?«

Wir denken häufig an Harald. In unseren Gesprächen kam er immer wieder vor. Was er ausgedrückt hat, war so ungewöhnlich – und gleichzeitig so typisch. Welche Richtung die Entwicklung eines Menschen nimmt, hängt oft an einem dünnen Faden. Schule kann dabei eine außerordentliche Rolle spielen. Deshalb sollen die Erfahrungen, die Ingeborg mit ihm und er mit ihr und ihrer Klasse machten, am Anfang dieses Buches stehen.

Harald musste in der 6. Klasse die bisherige Realschule verlassen wegen seiner aggressiven Handlungen, seiner Unlust und Rücksichtslosigkeit, seiner totalen Verweigerung schulischer Arbeiten. Seine Mutter war auf die Montessori-Schule aufmerksam geworden.

Widerwillig, mürrisch, sichtlich nur von außen motiviert durch den Druck der Mutter, erschien er zu der auf drei Tage angesetzten Hospitation. Dann aber, beim Eintreten in den Klassenraum, überzog ungläubiges Staunen sein Gesicht: »Das hier soll eine Schule sein? Das sieht ja aus wie in einem Wohnzimmer!«

In der Tat, was er sah, waren locker im Raum verteilte Schülerinnen und Schüler, in Gruppen oder allein für sich, an Tischen, die keineswegs in Reih und Glied standen. Oder sie saßen – unglaublich – auf einem Sofa, auf Sesseln oder auch am Boden, hatten Materialien vor und neben sich, die sie aus den verschiedenen Regalen holten und die sie von sich aus dorthin zurücktrugen, wenn sie damit fertig waren. Das alles vollzog sich in einer Atmosphäre konzentrierter Ruhe und Gelassenheit. Harald war völlig überrascht.

Nach den drei Tagen Hospitierens sagte ich ihm, dass eine Aufnahme in meine Klasse nur dann Sinn hätte, wenn er die Entscheidung träfe zu arbeiten. Die Verantwortung für sein Lernen müsse er übernehmen, weder seine Mutter noch ich könnten ihm dies abnehmen. Er blickte mich mit großen, kindlichen Augen an, die in eigenartigem Kontrast zu seinem coolen Outfit standen.

Er selbst verantwortlich für sich? Das war ihm fremd. Er war es gewohnt, dass die Erwachsenen ihm sagten, was er zu lernen hatte. Es war für ihn selbstverständlich, dass alle Schülerinnen und Schüler der Klasse zu gleicher Zeit im gleichen Tempo den gleichen Stoff zu bearbeiten hatten – und dagegen hatte er rebelliert.

Harald konnte es nicht fassen, dass es so viel Freiheit gab – aber auch, dass nicht alles im Chaos versank: keine Rücksichtslosigkeiten, keine schmerzenden Kämpfe, kein Geschrei. Er beobachtete erst einmal ungläubig, wie die Mitschülerinnen und Mitschüler sich im Raum frei bewegten, sich Bücher und Materialien aus den Regalen holten. Er staunte, wie intensiv sie arbeiteten – an Referaten, an Mathematikaufgaben, an Satzanalysen, wie sie sich konzentrierten, diskutierten, ihre Arbeit dokumentierten, sich bei mir Rat holten und zwischendurch einen Tee kochten.

Was Harald hier wahrnahm, war nicht nur ein etwas anders eingerichteter Klassenraum, als er das bisher von den staatlichen Schulen kannte. Vielmehr, so wurde uns nachträglich in unseren Gesprächen über ihn klar, war er jemand, der ungewöhnlich schnell das Besondere des Montessori-Wegs begriff. Er fand schnell heraus, in welchem Geist dies alles, was er so verblüfft beobachtete, vor sich ging.

Er merkte, es ging um ihn. Es kam auf ihn an, auf niemanden sonst.

Er spürte, Freiheit bedeutet Entwicklung, Arbeit an sich selbst.

Er verstand, Freiheit ist nicht Chaos, nicht Laufenlassen, nicht Nichtstun.

Nicht das »Wohnzimmer« als solches war das Entscheidende, sondern was sich dort entdecken und machen ließ.

Das alles bedeutete eine große Herausforderung. Harald hat einige Tage gezögert. Dann nahm er sie an.

Und er, der »coole Typ«, lernte sogar ganz bald, sich Hilfe zu holen – in Freiheit.

So interessierte er sich von Anfang an spontan für verschiedene Montessori-Materialien, besonders für das »Schachbrett« aus dem Bereich Mathematik. Es besteht aus einer Holzfläche mit farbigen Quadraten – Felder für Einer (grün), Zehner (blau), Hunderter (rot), Tausender (wiederum grün) und so weiter. Es ist für die Multiplikation mit ein- und mehrstelligen Zahlen gedacht. Dazu gehören Kügelchen, die man auf die Felder legt und dann den Kategorien nach verschiebt. Harald mit seinen großen Händen und Fingern griff ganz behutsam nach den kleinen Kugeln. Er war fasziniert von diesem Material aus der Grundschulstufe, das also im üblichen Verständnis seinem Alter gar nicht mehr entsprach. Er ließ sich dieses »Wunderwerk« von einem Mitschüler erklären. »Dass es so etwas gibt!«

Etwa zwei Stunden hockte er auf dem Teppich und machte sogar weiter, wenn die Lösung auf der Rückseite einer Arbeitskarte nicht mit seinem Ergebnis übereinstimmte. Sein »Pate« schaute immer mal wieder über seine Schulter und staunte, wie unermüdlich und fast schon besessen der Neue bei seiner Aufgabe blieb.

Über die Arbeit mit diesem und anderen Materialien gewann Harald Zugang zum Lernen. Er füllte seine zahlreichen Lücken auf. »Ich hätte nie gedacht, dass Lernen auch Spaß machen kann!«

Später wandte Harald sich abstrakteren Aufgaben zu. Er schätzte es sehr, sich seine Arbeit auswählen zu können – »nach meinem Gefühl«, wie er sagte.

Und er liebte die Klassengruppe, das Diskutieren im Kreis, er traute sich, seine eigene Meinung zu äußern zu Konflikten in der Gruppe.

In der 9. Klasse zeigte sich seine unglaubliche Kreativität nochmals verstärkt: bei der Arbeit an einem Theaterstück über Zukunftsängste von Jugendlichen, das wir alle gemeinsam aus persönlichen Einfällen, Improvisationen, Diskussionen in einem sehr lebendigen Prozess selber entwickelten. Bei der öffentlichen Aufführung trat er mit Bravour als einer der Hauptdarsteller auf und genoss den brausenden Beifall.

Den qualifizierenden Hauptschulabschluss schaffte er fast mit links.

Nicht dieser Erfolg als solcher war es, weshalb wir so oft miteinander über Harald gesprochen haben. Vielmehr war es der Weg. Was machte es aus, dass jemand wie Harald sich vom aggressiven Einzelgänger zu einem der beliebtesten Schüler seiner Klasse, zum Vorbild für andere wandeln konnte? Dass er, der schon bedenklich weit den Weg des Schulverweigerers, möglicherweise sogar den einer kriminellen Entwicklung eingeschlagen hatte, zum kreativen Motor bei der Entwicklung und

Durchführung eines Theaterstücks wurde – aufgeführt in professionellen Theaterräumen vor öffentlichem Publikum? Dass er seine Begabungen dann ganz locker einsetzen konnte, um die vom Staat geforderten Leistungen zu erbringen? Und dass er anschließend eine sehr anspruchsvolle Lehre antreten konnte und sie am Ende auch bestand?

Wir werden diese Fragen, die ja nicht nur für Harald gelten, im Weiteren genauer beleuchten.

Doch zuerst einmal möchten wir, ausgehend von seinem oben zitierten Ausruf, festhalten: Schule kann tatsächlich anders sein, als man sie üblicherweise kennt. Äußerlich anders und vor allem anders in ihrer inneren Ausrichtung. Das ist es, wofür wir beide uns gemeinsam einsetzen. Wir wünschen, dass in Zukunft immer selbstverständlicher gesagt werden kann: »Na klar, das ist Schule hier, auch wenn es aussieht wie in einem Wohnzimmer und alle sich so frei bewegen.«

# Schule ohne Noten

Im vorherigen Kapitel ging es um einen staunenden Schüler der 6. Klasse. Jetzt wenden wir uns einem Thema zu, bei dem es vor allem die Erwachsenen sind, die ins Staunen kommen. Schule ohne Noten, das soll wirklich möglich sein???

Die Schulnoten haben einen gewaltigen Einfluss auf unser ganzes Leben. Sie wirken bei den allermeisten sehr wesentlich auf den beruflichen und persönlichen Lebensweg ein, sie führen zu zahlreichen Erkrankungen, manchmal leider sogar zu Selbstmorden, auf der anderen Seite aber auch zu Stolz, bis hin zu Arroganz. Noten sitzen zeitlebens tief in unserem Denken und Fühlen – wir fürchten, beruflich oder sogar privat eine »Fünf« zu erhalten, und träumen von »Einsen mit Stern«.

An den Tagen der Zeugnisvergabe sind Erziehungs- und Familienberatungsstellen in aller Öffentlichkeit so wichtig wie sonst nie. Sogar in den Medien wird dann auf sie hingewiesen. In der Realität zeigen sich aber während des ganzen Jahres dramatische Auswirkungen dieser schulischen Errungenschaft »Noten«. Und immer wieder werden schwerwiegende Langzeitfolgen sichtbar, bei Kindern und Jugendlichen ebenso wie bei den Eltern.

Können sechs simple Ziffern wirklich so viel aussagen? Ist Leistung denn nicht weitaus komplexer, als es sich mit diesem Primitivmodell abbilden lässt? Und der Mensch allemal? Und besteht nicht geradezu zwangsläufig die Gefahr, dass sich das Kind insgesamt mit diesen schlichten Befunden gleichgesetzt fühlt und sich selbst dann entsprechend be- und vor allem abwertet? Wo bleibt die in Pädagogenkreisen viel beschworene Ganzheit des Kindes? Wo bleibt, um es theologisch auszudrücken, seine Gottesebenbildlichkeit? Oder der göttliche Funken, von dem Maria Montessori immer wieder gesprochen hat?

Naive Utopie, von diesem Modell abrücken zu wollen?

Seit mittlerweile vielen Jahren sind immer mehr Montessori-Schulen selbst im notenfixierten Bayern aus diesem sinnlosen Machtsystem ausgestiegen und haben ganz realitätsbezogen nach anderen Wegen gesucht, wie sich Lehrkräfte, Kinder und Eltern über Leistungen austauschen können. Leistung soll ja nicht aufgegeben werden, ganz im Gegenteil, sie soll eigentlich erst ermöglicht werden, nämlich als etwas Eigenes und nicht bloß als Fremdbestimmtes. Herausgekommen sind dabei »Informationen zum Entwicklungs- und Lernprozess«, kurz IzEL. Im Konzept des Montessori-Landesverbands Bayern heißt es zu ihnen:

»Diese (Informationen) basieren auf einem pädagogischen Leistungsverständnis, das die Rahmenbedingungen menschlicher Entwicklung beachtet. (...) Mit diesem erweiterten Verständnis von Leistung nehmen wir Abstand von einer ausschließlich ergebnisorientierten Leistungsmessung und -bewertung.«[3]

Von außen wird immer wieder dieselbe Frage gestellt: »Geht denn so etwas? Leisten Kinder und Jugendliche auch etwas ohne Notendruck?« Und dann reagieren die Fragenden erst recht verblüfft, wenn sie hören, wie der Prozess der Leistungsfeststellung an einer Montessori-Schule vor sich geht. Da füllen doch tatsächlich nicht nur die Lehrkräfte die IzEL-Bögen aus, sondern ebenso die Kinder und Jugendlichen! Anschließend setzen sie sich zusammen und vergleichen. »Da wird doch sicherlich recht gefeilscht?« Nein, das verläuft meist in einer ausgesprochen ernsthaften und gesammelten Atmosphäre, und nicht selten kommt es vor, dass die Selbsteinschätzung der Kinder und Jugendlichen strenger ist als die der Erwachsenen. Unglaublich? Wieder nein, denn dieser Prozess basiert auf deren Einsicht und Erfahrung, dass es wirklich um ihre ganz persönliche Entwicklung geht, um ihren eigenen, durchaus auch eigenwilligen Weg. Also brauchen die Kinder und Jugendlichen um kurzsichtigen »Gewinn« nicht zu feilschen.

Sie lernen gerade in dieser Situation etwas außerordentlich Wichtiges für ihr ganzes Leben, nämlich sich selbst einzuschätzen und dies mit den Eindrücken von außen zu vergleichen und dann zu einem gemeinsamen Ergebnis zu kommen. Selbstreflexion und Selbsteinschätzung bezüglich der eigenen Stärken und Schwächen und das Vergleichen mit den Einschätzungen anderer markieren wichtige Meilensteine auf dem Entwicklungsweg.

Raster für diesen kreativen Verständigungsprozess sind eben jene IzELs, ein etwa zehnseitiges Heft mit einer Vielzahl von Kategorien, zum Beispiel bei Mathematik: Rechnen mit Brüchen, Rechnen mit Dezimalbrüchen, Umformen von Gleichungen und Termen, Prozentrechnung und Promillerechnung.

Als persönliche Kompetenzen in Bezug auf das Sozialverhalten sind dort aufgeführt:

- hat positiven Kontakt zu MitschülerInnen
- hält sich an gemeinsame Regeln
- äußert Wünsche und Kritik angemessen
- kann Kritik annehmen
- nimmt Rücksicht auf andere
- trägt zur Konfliktlösung bei
- übernimmt Verantwortung für die Gemeinschaft
- geht verantwortlich mit Sachen um

Unter Arbeitsverhalten heißt es:
- ist motiviert zu arbeiten
- plant und organisiert die Arbeit
- arbeitet selbstständig
- arbeitet konzentriert
- arbeitet ausdauernd
- führt Arbeiten zu Ende
- legt Wert auf gute Ergebnisse und ansprechende Gestaltung
- kann im Team arbeiten
- beteiligt sich aktiv an Gesprächen

Und angekreuzt wird überall nicht nach Noten von 1 bis 6, sondern nach Kriterien wie:
- Anfänge
- Basiskenntnisse
- gesicherte Kenntnisse
- vertiefte Kenntnisse

oder nach den Kriterien:
- selten
- wechselnd
- häufig
- fast immer

Das alles ist schon für die Kinder der Grundstufe unmittelbar nachvollziehbar, und so können sie im Gespräch mit den Lehrerinnen und Lehrern alle diese Einschätzungen konkret entwickeln: »Nein, ich glaube, da hast du mich zu gut gesehen, das mit den Wortarten kann ich eigentlich nicht so richtig, da müsste ich noch sicherer werden.« So zum Beispiel hat es sich zunächst von Katharina angehört. Und als ich als Lehrerin antwortete: »Das sehe ich aber anders«, bat sie mich: »Kann ich mir das bis morgen noch einmal überlegen?«

Solche Gespräche sind wunderbare Früchte und eine Bestärkung auf dem Montessori-Weg.

# Schule ohne Hausaufgaben

Auch dieses Thema lädt zum Staunen ein.

Sowohl aus unseren Erfahrungen an Schulen als auch an der Beratungsstelle wissen wir: In zahllosen Familien herrscht regelrecht Kriegsstimmung, es toben Schlachten zwischen Eltern und Lehrkräften, und die Kinder und Jugendlichen mittendrin in einem Kampf, als drohte der Untergang. Die Vielfalt der Waffen ist enorm, der Kräfteeinsatz gigantisch – doch um was geht es eigentlich?

Es sind die Hausaufgaben.

Immer wieder verblüfft es bei Vorträgen und Seminaren oder an der Beratungsstelle, wie aufgeschlossene, um das Wohl ihrer Kinder bedachte Eltern – auch solche an Montessori-Schulen – in Erregung geraten angesichts des Ansinnens, ihre Kinder sollten ohne verpflichtende Hausaufgaben auskommen. Als ginge es um die Rettung des Abendlandes, werden hier Bastionen verteidigt.

Kriegerische Vokabeln kommen uns an dieser Stelle nicht zufällig in den Sinn. Schule und Militär sind weniger weit voneinander entfernt, als allgemein geglaubt wird.

Wenn wir in solchen Situationen gegen verpflichtende Hausaufgaben votieren, merken wir, wie wir zunächst als hoffnungslose Utopisten eingestuft werden. Dann denken wir beide an eine Grunderfahrung von Ingeborg aus ihrer Arbeit an einer staatlichen Hauptschule in Düsseldorf, über die wir oft gesprochen haben, die aber besonders plastisch wurde für Jürgen, als ein ehemaliger Schüler ihm, dem Ehemann der früheren

Lehrerin, beim Ehemaligentreffen viele Jahre danach ganz begeistert erzählte:

»Wissen Sie, das war das Wichtigste für mich in der gesamten Schulzeit! Stellen Sie sich vor, da kam Ihre Frau doch in unsere Klasse und eröffnete uns: ›Schluss mit den verpflichtenden Hausaufgaben!‹ Und was dann alles daraus entstanden ist!«

In den Worten von Ingeborg hört es sich so an:

Während der 70er-Jahre unterrichtete ich in Düsseldorf an einer staatlichen Hauptschule, machte das mit viel Elan – doch meine Bemühungen verhallten. Lernunwilligkeit, Desinteresse, Langeweile waren angesagt. Die Schule wurde von den Schülerinnen und Schülern als Druck erlebt, als Zwang, als Gängelung. Morgens vor dem Unterricht schrieben noch so manche von ihnen die Hausaufgaben ab. Sollte ich das ignorieren? Ich war ziemlich verzweifelt, gab ich mir doch so viel Mühe! Ich sprach das Problem in der Klassenrunde an. »Wenn nur die Hausaufgaben nicht wären! Morgens in der Schule, das geht ja noch. Aber der Nachmittag mit den Hausaufgaben – das ist das Letzte!«, war der allgemeine Tenor.

Nach Gesprächen mit der Schulleitung und den Eltern wagte ich ein Experiment: ein Vierteljahr ohne verpflichtende Hausaufgaben. Es sollte zu Hause nur das gearbeitet werden, was als sinnvoll zu lernen erschien. Spielregel bei diesem Projekt war es, zu dokumentieren, ob und was am Nachmittag freiwillig gearbeitet wurde.

In den ersten drei Wochen fand ich folgende Einträge: »Nichts.« »Nichts gemacht.« »Gar nichts«.

In der vierten Woche entschlossen sich zwei Mädchen und ein Junge zu einem gemeinsamen Referat.

Andere zogen nach, entwickelten langsam Interesse, sich Aufgaben zuzuwenden. Sie besprachen sich miteinander, manche verabredeten sich sogar zur Arbeit am Nachmittag. Sie wollten das Experiment auf jeden Fall gelingen lassen, fanden es toll, Freiheit der Auswahl, Freiheit der Entscheidung zu haben und auch einmal nichts arbeiten zu können. Die Stimmung in der Klassengruppe stieg, die Reflexionsgespräche über dieses Experiment fand ich spannend, viele der Jugendlichen erlebten es genauso. Ich hatte plötzlich viel zu korrigieren!

Von diesem Zeitpunkt an stellte ich nie wieder verpflichtende Hausaufgaben, weder an Regelschulen noch später an Montessori-Schulen.

Bei jenem Klassentreffen in Düsseldorf, die ehemaligen Schülerinnen und Schüler waren längst erwachsen, sagte mir Heiner: »Bei diesem Hausaufgabenexperiment hat es in mir geklickt! Da ist mir zum ersten Mal klar geworden, dass in Wirklichkeit *ich* für mein Lernen verantwortlich bin. Ich konnte wählen, ob und was ich arbeiten wollte. Einfach toll. Mir wurde klar, es geht um mich. Ich trage die Verantwortung für mich. Dann ging die Post ab.« Viele stimmten Heiner zu, der heute ein angesehenes Spezialitätenrestaurant im Rheinland betreibt.

Also: Ist der Verzicht auf verpflichtende Hausaufgaben wirklich eine utopische Spinnerei? Im Gegenteil, wie jene Erfahrung bereits an einer Staatsschule zeigt. Mittlerweile ist diese Praxis jedenfalls Standard an vielen Montessori-Schulen.

Im Konzept des Montessori-Landesverbands Bayern wird das sehr klar beschrieben: »Kinder und Jugendliche lernen und entwickeln sich im Sinne der Montessori-Pädagogik durch selbstständiges Arbeiten und eigene Initiative«[4] – und das am Vormittag in der Schule und auch am Nachmittag zu Hause. Kinder können sich dabei durchaus mit Themen und Aufgaben befassen, die sie aus der Schule mitgebracht haben und an denen sie im Sinne ihres selbstbestimmten Lernens weiterarbeiten möchten. Die Lehrkräfte fragen aber nicht nur nach solchen selbst organisierten Arbeiten am Nachmittag, sondern in ganzheitlicher Sicht insgesamt nach dem, »was die SchülerInnen daheim beschäftigt und interessiert. Es ist erwünscht, dass sie Dinge, Erfahrungen und Arbeiten von dort in der Schule einbringen und auch gegebenenfalls weiter bearbeiten.«[5]

Und auf keinen Fall sollen die Eltern »Hilfslehrer« sein, denn: »Eine solche Rollenvermischung führt in der Regel zu emotionalen Störungen in der Beziehung zwischen Eltern und Kindern und zu Lernwiderständen bzw. Lernverweigerung der Kinder in der Schule. Es ist vielmehr die Aufgabe der Eltern, darauf zu achten, dass ›schulische Arbeiten‹ nicht den Lebensraum zu Hause besetzen, der den Kindern und Jugendlichen ganz andere Erfahrungen und Lernprozesse als in der Schule ermöglicht.«[6]

Utopisch? Nein, hier kann sich selbstbestimmtes, erfolgreiches Lernen im Gehaltensein durch ein gut strukturiertes Miteinander zwischen Schule, Kindern und Eltern entwickeln. Dazu gehört eine differenzierende Sicht auf jedes einzelne Kind beziehungsweise jeden einzelnen Jugendlichen. So gilt es etwa zu unterscheiden zwischen solchen, die wenig Zeit und Kraft für Übung brauchen, und anderen, für die das Üben größere Bedeutung hat – aber auch dies auf der Basis sorgfältiger Verständigung ohne Druck und Angst.

Es gibt mittlerweile sehr viele positive Erfahrungen, die zeigen, dass junge Menschen ohne verpflichtende Hausaufgaben weitaus besser lernen und zu ihrem eigenen Weg finden können. Warum aber hält sich so hartnäckig die Vorstellung vom Kind, das nicht lernen will? Was für ein Menschenbild steckt dahinter?

Uns scheint, es ist vor allem das Bild eines von Natur aus faulen, antriebslosen, desinteressierten Kindes, an das mühsam von außen »Kultur« heranzutragen sei und das sich als Dank dafür ordentlich zu plagen habe. Es ist leider harte Realität, dass diese Plackerei für viele Kinder buchstäblich rund um die Uhr geht. Ein Beitrag zu wirklicher Kultur ist das nicht.

Eltern, das haben wir verschiedentlich erfahren, sehen sich unter Umständen vor größeren Schwierigkeiten, wenn die Strukturierung des Nachmittags durch die verpflichtenden Hausaufgaben wegfällt. »Sollen wir unsere Kinder denn nur noch fernsehen lassen?« Gegenfrage: »Wie wäre es, wenn Sie gemeinsam überlegen würden, was es an interessanten Aktivitäten geben könnte?« Nach ein paar Wochen oder Monaten ist dann oft zu hören: »Es ist unglaublich, was wir alle zusammen inzwischen unternommen und gelernt haben!«

Verpflichtende Hausaufgaben zu erteilen ist eine Form von Machtausübung. Braucht Schule das? Brauchen unsere Kinder, unsere Familien das? Es geht auch anders. Tatsächlich.

# Altersgemischte Klassen

»Am Anfang fand ich die Altersmischung ja voll daneben und habe mir gedacht, wer wohl auf solche verblö-
deten Ideen kommt ...«

*Schülerzitat aus einer 6. Klasse der*
*Montessori-Schule Wertingen*

Ich, Ingeborg, sitze in einem Park auf einer Bank nicht
weit von einem Kinderspielplatz und ruhe mich von
anstrengenden Besorgungen aus. Ich bin müde, schaue
in die Sonne, in die Weite. Erst nach einiger Zeit fallen
mir die Kinder und Jugendlichen auf, die fröhlich Ball
spielen, klettern, im Sand graben, ein Fahrrad ausprobieren. Ein friedliches Bild mit Kindern von drei oder
vier Jahren bis hin zu Jugendlichen, die etwa 15 Jahre
alt sind, auf einem Mäuerchen sitzen und Musik hören.
Altersmischung – ganz natürlich, zwanglos, harmo-
nisch.

Dagegen die herkömmlichen Schulklassen – ist das
nicht ein künstliches Einzwängen? Hält das Denken der
Erwachsenen da nicht an Formen fest, die eigentlich
einem überholten Menschenbild entsprechen? An Vorstellungen, nach denen Kindern und Jugendlichen nicht
zu viel Bewegungsspielraum überlassen werden sollte?

Wenn wir Außenstehenden etwas erzählen von altersgemischten Klassen an Montessori-Schulen, können wir uns erst einmal erstaunter Reaktionen sicher
sein. Häufig mischen sich noch Mitleid und Herablas-
sung hinein: »Ach, ist das so wie an den Zwergschulen
früher auf dem Land?« Altersmischung in der Schule
– ein absurder Gedanke, ein alter Zopf!

Aber Montessori hat einen guten Klang, also hört man doch auf unsere Erwiderungen. Und die beginnen erst einmal mit Gegenfragen, mit Infragestellungen einer vermeintlich unumstößlichen Wahrheit namens altersgleiche Schulklassen:

Wer kam überhaupt auf die Idee, Kinder und Jugendliche altersmäßig zu sortieren? Ist es aus dem Grund geschehen, alles besser »im Griff« zu haben? Wer bestimmt, was angeblich die Bedürfnisse der einzelnen Kinder und Jugendlichen sind? Sind diese Bedürfnisse in einer altersgleichen Gruppe bei allen wirklich gleich?

Die pädagogischen Teams sind altersgemischt, die Elterngruppen einer Klasse sind altersgemischt. Sogar die Gruppen im Kindergarten sind es. Wieso nicht die Schülergruppen? Warum nehmen wir das als gegeben hin – an allen Schularten? Was steckt dahinter?

Weitere Fragen lassen sich stellen: Soll die heftige Rivalität zwischen den Schülern, wie sie typisch ist in altersgleichen Klassen, unbedingt weiterbestehen? Lernt tatsächlich jeder am besten, wenn alle in einer Lerngruppe am gleichen Tag den gleichen Stoff bearbeiten?

Gleichmacherei klingt nach Gleichschritt. Altersgleiche Gruppen gibt es nur in Schulen – und in der Rekrutenausbildung beim Militär.

Sind die Ängste, gewohnte Bahnen zu verlassen, so groß? Vertrauen wir zu wenig auf das Kind?

Soll vielleicht auch das Helfen nicht so stattfinden, wie es eigentlich möglich wäre? Helfen ist im natürlichen Lebensprozess verankert. Erst helfen die Eltern den Kindern, später im Alter die Kinder den Eltern. Auch das verläuft altersgemischt. Kann es das in einer Schule geben – Helfen als natürlicher Lebensprozess?

In der altersgleichen Gruppe wird der Leistungs-
schwächere sehr leicht als Mensch insgesamt zum
Schwächeren, und das gräbt sich ein in sein Selbstge-
fühl oft für ein ganzes Leben. In der altersgemischten
Klasse dagegen beruhen Stärken und Schwächen wesentlich auf dem Alter, und damit entfällt das überzo-
gene Vergleichen und Abwerten.

Altersmischung – ganz natürlich, zwanglos, harmo-
nisch ... Warum gibt es sie an den meisten Schulen immer noch nicht?

Diese Gegenfragen machen unsere Gegenüber meist
recht nachdenklich. Allgemein sehen sie ja auch ein:
Reformpädagogische Inhalte brauchen reformpädagogische Formen. Inhalt und Gestalt gehen Hand in
Hand. Aber dass dazu etwas auf den ersten Blick so
abenteuerlich Wirkendes wie altersgemischte Klassen
gehören könnte, das bedarf Zeit des Überlegens und
Prüfens. Dazu ist es hilfreich, von konkreten Erfahrungen zu hören.

Geben wir ein Beispiel aus einer Montessori-Schule
von heute:

Der kleine Michael, 2. Jahrgangsstufe, hockt auf
dem Teppich und kommt ins Schwitzen. Er hat das
»Markenspiel«, ein Mathematik-Material, aus dem
Regal geholt und hat daraus Auftragskarten mit Addi-
tionen und Subtraktionen vor sich. Sie gehen weit über
den Tausenderraum hinaus. Seine Aufgabe lautet:
21 426 + 108 743 =

Nun legt er die erste Zahl mit bunten Ziffernplätt-
chen: Einer grün, Zehner blau, Hunderter rot, Tausender grün, Zehntausender blau. Darunter ordnet er die
zweite Zahl an, jeweils mit den gleichen Farben, Grün

zu Grün, Blau zu Blau und so weiter. Und der Hunderttausender ist rot.

Andreas, 3. Jahrgangsstufe, beobachtet ihn von seinem Tisch aus. Er ist neu in der Montessori-Schule und lebt sich gerade ein. Er ist etwas schüchtern, in der früheren Schule fand er »alles langweilig«, vielleicht war ihm auch manches zu schwer. Er ist fasziniert von dem Markenspiel, das Michael bearbeitet, und kann seine Augen einfach nicht von ihm lassen. Da fasst er sich ein Herz und hockt sich zu Michael. »Darf ich zuschauen?« »Ja.«

Michael beginnt gerade, die beiden Zahlen zusammenzuzählen, Andreas schaut begeistert zu. »Darf ich auch mal?« »Ja.«

Schon sind die beiden eifrig bei der Arbeit. Andreas erkennt schnell, dass die Einer, Zehner, Hunderter jeweils eine andere Farbe haben, dass man das grüne Plättchen immer unter das andere grüne legen muss ...

»Das macht ja richtig Spaß! Die nächste Aufgabe, darf ich die legen?« Beide stecken ihre Köpfe zusammen, sind ganz aufgeregt, schon zwei Aufgaben waren richtig!

Als Michael mittags nach Hause kommt, sagt er ganz stolz: »Heute habe ich einem größeren Jungen das Markenspiel gezeigt.«

Und Andreas platzt daheim mit der unerwarteten Neuigkeit heraus: »Rechnen ist super! Und der Michael, der ist mein Freund!«

Immer mehr Montessori-Schulen sind in den letzten Jahren oder bereits Jahrzehnten zur Altersmischung übergegangen. Das Konzept des Montessori-Landesverbandes Bayern beschreibt altersgemischte Klassen als Standard.[7]

Ingeborg erinnert sich:

In Wertingen haben wir damals die Umstellung gut vorbereitet. Wir setzten uns mit den Ängsten und Vorbehalten aller Beteiligten auseinander, verwiesen auf die vielen positiven Erfahrungen in anderen Ländern, nahmen aber auch die Bedenken sehr ernst. Und wir haben nicht ein Konzept übergestülpt, schon gar nicht den Schülerinnen und Schülern, vielmehr waren diese voll in den grundlegenden Veränderungsprozess einbezogen. So ging es doch für sie zum Beispiel bei der neuen Klassenzusammenstellung entscheidend auch darum, mit ihren Freundinnen und Freunden zusammenbleiben zu können. Also machten sie Vorschläge, also bestimmten sie mit – und es gelang!

Anschließend waren die Erfahrungen außerordentlich positiv. Insgesamt zeigten sie, wie sehr altersgemischte Strukturen das Lern- und Sozialverhalten der Kinder positiv beeinflussen.

Der Konkurrenzkampf und der damit verbundene Leistungsdruck sanken spürbar. Das Thema, besser sein zu »müssen« als andere, verlor an Bedeutung, ebenso die Angst, »schlechter« zu sein. Das einzelne Kind in seiner Einmaligkeit trat viel deutlicher hervor. Besonders in der Freiarbeit und in Projekten erwies es sich, dass partnerschaftliches Arbeiten spürbar leichter fiel. Jedes Kind hatte jetzt mehr als zuvor die Möglichkeit, seinen Teil zum Gelingen des Projektes beizutragen, wobei nicht die Quantität maßgebend war, sondern das, was jemand gemäß des derzeitigen Entwicklungsstandes geben konnte.

Aktivitäten, in denen sich altersgemischte Kinder

nach diesen Erfahrungen gut ergänzen können, sind auch Sitzkreise, in denen sie gemeinsam singen, erzählen, vorlesen, Referate halten und wo Probleme aufgefangen und diskutiert werden.

Gemeinsam haben die Kinder Spaß an Spielen und Übungen oder dem Erledigen notwendiger Dienste. Auch hier fallen leichtere und schwierigere Aufgaben an, denen sich die Kinder meist selbst gemäß ihrer Selbsteinschätzung zuordnen.

In der jahrgangsgemischten Gruppe können die Kinder verschiedene Rollen übernehmen und üben. Sie erleben sich als Jüngste, Mittlere und Älteste. Die Jüngeren in der Gruppe orientieren sich an den Älteren. Als Schulanfänger kommen sie in einen bereits bestehenden Klassenverband mit festen Regeln und Absprachen. Sie können Kinder erleben, die selbstständig arbeiten und auf die Einhaltung der Regeln achten. Dies gibt ihnen gerade in der Anfangsphase Sicherheit und Orientierung. Ältere wiederum übernehmen die Rolle des Helfers, was nicht ausschließt, dass auch sie von Jüngeren lernen.

Kinder können noch einmal bekanntes Material wiederholen und vertiefen, wenn sie es anderen zeigen. In den Gebrauch neuer Materialien und in neue Arbeiten führen die Lehrerinnen und Lehrer ein. So kommen auch die Älteren nicht »zu kurz«. Und ihr eigenes Lernen erfährt ganz neue Anregungen, wenn sie zugleich Lehrende sind. Durch Erklären setzt sich in ihnen das früher Gelernte.

Welch tiefe Wirkung die Einführung der Altersmischung bis in das Sozialverhalten hinein hatte, zeigte sich an folgendem Beispiel:

Bei der Vorbereitung einer Reise nach Berlin mit ei-

ner altersgemischten Gruppe der Jahrgangsstufen 7 bis
10 fragte ich die älteren Jugendlichen, wie sie es mit
Rauchen und Alkoholgenuss halten wollten. Nach län-
geren Überlegungen und Gesprächen sagten sie von
sich aus: »Auf dieser Fahrt verzichten wir aufs Rauchen und auf jeden Schluck Alkohol – was sollen denn
die Siebtklässler denken?« Diese fünftägige Reise mit
viel Sightseeing und guten Gesprächsrunden war wie
andere Reisen mit jahrgangsgemischten Gruppen »ein
Spaziergang«, und zwar ein sehr harmonischer, trotz
oder vielleicht sogar wegen der unterschiedlichen Interessen der Jugendlichen. Einer von ihnen war der Junge, von dem der eingangs zitierte kritische Ausspruch
über die Altersmischung stammte.

Im Bereich der Montessori-Schulen ist die Altersmischung keineswegs eine Erfindung der letzten Jahre.
Vielmehr handelt es sich dabei um eine Wiederentde-
ckung, denn bereits Maria Montessori war fest von deren Wert überzeugt und führte sie an ihren Kinderhäusern und Schulen schon früh ein. Sie schrieb:

»Eine der Tatsachen, die unsere Schulen von den anderen unterscheiden, ist die folgende. Die meisten Schulen, ich möchte sagen, alle, halten Kinder desselben
Alters in den verschiedenen Klassen. In der Tat, ihr
Curriculum basiert auf den Altersstufen. Unsere Erfahrung hat uns von dieser allgemeinen Regel weggeführt.
Was wir in unseren Schulen suchen, ist nämlich gerade
der Altersunterschied. Und wenn wir diesen Unterschied begrenzen sollen, dann sagen wir, dass mindestens ein Altersunterschied von drei Jahren gegeben sein
muss. Nehmen Sie an, Sie hätten neunzig Kinder zu Ihrer Verfügung, alle hübsch klassifiziert, dreißig von vier
Jahren, dreißig von fünf Jahren und dreißig von sechs

Jahren. Jeder würde die Vierjährigen, die Fünfjährigen und die Sechsjährigen in drei verschiedene Klassen setzen. Aber wir predigen laut, dass wir *die Lebensalter mischen* sollten, und wenn der Raum dreißig Kinder fassen kann, sollten wir nicht alle die gleichen Alters zusammensetzen, sondern die Kinder von drei bis sechs Jahren mischen. Diese Tatsache bedeutet solch einen Unterschied, dass beim Zusammensetzen aller Kinder des gleichen Alters sich kein Erfolg einstellen würde, und es würde unmöglich sein, unsere Methode anzuwenden. (...) Einer der großen Vorteile unserer Methode und einer der besten Wege für die individuelle Entwicklung ist dieses Zusammenleben von drei Altersstufen.«[8]

# Lernen ohne Druck und Angst

Bei Informationsgesprächen, Vorträgen und ersten Elternabenden nach der Einschulung tauchen regelmäßig und mit großem Nachdruck Fragen auf wie diese:

- Lernen in Freiheit, geht denn das?
- Lernen ohne Druck und Angst, ist das nicht eine Illusion?

Das sind Fragen, in denen sich wieder und wieder zeigt, unter welch riesigem Druck heute Eltern stehen, die verantwortungsbewusst den bestmöglichen Weg für ihr Kind suchen. Wenn sie dann von Angeboten der Montessori-Pädagogik hören, sind sie hin und her gerissen zwischen Anziehung und Angst. Sie sehnen sich nach Freiheit für ihre Kinder und auch für sich selbst; andererseits sind sie befangen durch ihre eigenen Erfahrungen, aus denen sie schließen: »Es kann doch nur mit Druck gehen in der Schule und im Leben!« So äußern sie sich bei Informationsveranstaltungen an den Montessori-Schulen. Und das Gleiche ist an der Erziehungsberatungsstelle immer wiederkehrendes Thema.

Lernen ohne von außen auferlegten Druck und ohne Angst vor den Erwachsenen – ist das wirklich möglich?

Als Antwort ist es in solchen Gesprächen wichtig, in aller Deutlichkeit zwei grundverschiedene Wege gegenüberzustellen:

*Eine Möglichkeit:*

Ich forciere es,
- dass mein Kind mit einem Jahr spricht,
- dass es mit 13 Monaten läuft,
- dass es mit zwei Jahren sauber ist,
- dass es im Kindergarten die Buchstaben lernt,
- dass es in der 1. Klasse bis Weihnachten lesen lernt,
- dass es in der 4. Klasse die Prüfung für das Gymnasium oder zumindest die Realschule schafft,
- dass es in der 13. beziehungsweise 12. Klasse das Abitur ablegt,
- oder, wenn das zum größten Bedauern nicht realisierbar scheint, dass es wenigstens die 10. Klasse mit der mittleren Reife abschließt,
- oder, wenn auch das nicht geht, allerwenigstens die 9. Klasse mit dem qualifizierenden Hauptschulabschluss ...

*Eine andere Möglichkeit:*

- Prozesshaftes Begleiten bis zum ersten Sprechen,
- Begleiten bis zum ersten Laufen,
- geduldiges Begleiten bis zum ersten Saubersein,
- Begleiten, bis es lesen lernt,
- Begleiten, bis es schreiben lernt,
- gelassenes Beobachten, ob es mit zehn Jahren für ein Gymnasium geeignet ist und Lust auf kognitives Lernen hat,
- kontinuierliches Beobachten, ob es motiviert und von den Fähigkeiten her geeignet ist, den qualifizierenden Hauptschulabschluss, die mittlere Reife, das Abitur zu machen ...

Bei der ersten Möglichkeit geschieht die Zielsetzung von außen, von den Erwachsenen, den Eltern, den Lehrerinnen und Lehrern her – und damit ist dieser Weg für das Kind unausweichlich mit auferlegtem Druck behaftet. Das ist Druck von den Erwachsenen auf das Kind oder den Jugendlichen, Druck aber auch vom Kind auf sich selbst, da es den von den Erwachsenen intendierten Wünschen entsprechen möchte. Es liebt seine Eltern und oft ebenfalls die Lehrerin, es möchte ihnen gefallen, sieht deren Ansprüche als völlig berechtigt an, auch wenn es damit vielleicht nicht zurechtkommt. Dann wird es schwierig.

Dieser Erziehungsweg ist geprägt von ständigem Reden, Ermahnen, unter Umständen Drohen. Er geht oft einher mit viel Angst:

- Angst aufseiten der Eltern um den Lebensweg des Kindes,
- Angst der Lehrerinnen und Lehrer, den Ansprüchen der Eltern nicht zu genügen,
- und vor allem Angst des Kindes, den Eltern und den LehrerInnen zu missfallen, Angst vor Versagen, Angst vor Fehlern, Angst vor Katastrophen ...

Bei der zweiten Möglichkeit dagegen kommt die bestimmende Zielsetzung von innen. Und damit ist das Kind viel mehr mit sich selbst im Einklang. Es mag dabei durchaus manchmal ebenfalls Druck und Angst verspüren, doch hat das mit der selbst gestellten Aufgabe zu tun und der eigenen Motivation, damit zurechtkommen zu wollen. Das ist aber nicht die bebende Angst vor den als übermächtig erlebten Erwachsenen. Hier ist das Erziehungsgeschehen insgesamt prozesshaft, wird immer wieder neu überdacht, betrifft Kinder, Jugendliche und Erziehende gleichermaßen, da sich in dem Prozess auch die Prozessbegleiter mit verändern.

Dies ist der Weg, den Maria Montessori mit großer Eindringlichkeit dargelegt hat. Er bildet bis heute den Mittelpunkt der nach ihr benannten Pädagogik. Aus vielen Erfahrungen heraus wollen wir zeigen, dass er wirklich gangbar und keineswegs eine Utopie ist. Vielmehr sind wir überzeugt, dass für Kinder der Weg des Begleitetwerdens der ihnen gemäßere ist.

Wir stellen nicht in Abrede, dass dieser Weg von so manchen Ängsten begleitet ist, insbesondere aufseiten der Erwachsenen – gerade dann, wenn sie selber solche Möglichkeiten kaum hatten.

Das sind Spannungen und Konflikte, die unbedingt ernst genommen werden müssen. Sie sind der Ausgangspunkt, wenn Eltern für ihre Kinder etwas anderes suchen als das ihnen Vertraute. Um sich dem Montessori-Weg anzuvertrauen, sind frei geäußerte Vorbehalte, Skepsis, kritische Fragen weitaus besser als ängstliches Schweigen oder gläubiges Hinnehmen vorgetragener Positionen.

Und Beispiele sind wichtig. Beispiele etwa wie dieses, das aus einem Kindergarten stammt, in dem eine Schülerin aus der 8. Klasse im Betriebspraktikum war:

Die anleitende Erzieherin sagte nachher über die Schülerin: »Gisela kann die Kinder so lassen, wie sie sind, lässt ihnen im Rahmen Möglichkeiten und Freiheiten, steht aber immer bereit und beobachtet die Kinder sehr einfühlsam. Mir ist zum Beispiel beim Malen aufgefallen, dass sie nicht sagt: ›Das musst du so machen, so geht das doch nicht!‹ Sie ermuntert die Kinder, überlässt ihnen aber selbst die Initiative und Handlungsmöglichkeit.« Zum Schluss meinte die Erzieherin lächelnd: »Ich kann von Gisela lernen! Das hat sie doch bestimmt von der Montessori-Schule übernommen!«

Lernen und Lehren ohne Druck und Angst ...

# Wer war Maria Montessori?

Nachdem wir in den vorangegangenen Kapiteln einen ersten Blick in die Praxis heutiger Montessori-Schulen geworfen haben, möchten wir jetzt auf die Frau zu sprechen kommen, die dahintersteht: Maria Montessori. Mit den folgenden Ausführungen zu wichtigen Stationen ihres Lebens beziehen wir uns vor allem auf die Biografien von Rita Kramer, Edward M. Standing und Marjan Schwegman.

1870 wurde Maria Montessori in Chiaravalle geboren, einem Städtchen in den Marken westlich von Ancona in Italien. Ihr Geburtshaus ist heute noch zu sehen, einfach, unauffällig in einer Reihe mit anderen Häusern, inzwischen mit einer Gedenktafel außen und einem kleinen Montessori-Museum im Inneren versehen. Ob damals jemand im Entferntesten geahnt haben mag, welch weltweite revolutionäre Bewegung von der kleinen Maria ausging, die dort zwölf Jahre lang lebte?

1890 begann sie in Rom das Studium der Mathematik und der Naturwissenschaften, kämpfte aber hartnäckig darum, sich als erste Frau Italiens für Medizin einschreiben zu können – erfolgreich. Sie wurde die erste Ärztin ihres Landes.

Ihre Arbeit in eigener Praxis und in einem Krankenhaus in Rom machte ihr bewusst, wie wenig damals Kinder aus armen Verhältnissen und Kinder mit Behinderungen gefördert wurden. Sie war beeindruckt von den Werken der französischen Ärzte Itard und Séguin, die Material für Kinder mit Handicaps entwickelt hatten. Maria Montessori war überzeugt davon, dass diesen Kindern nicht nur durch medizinische Betreuung, sondern auch mit erzieherischen Mitteln geholfen werden könnte.

Erziehung faszinierte sie immer mehr, und sie entwickelte eine Methode zur Beobachtung der Kinder, die sie aus der Medizin und den Naturwissenschaften in die Erziehungslehre übertrug.

Diese Erfahrungen führten sie dazu, dass sie 1901 noch einmal neu zu studieren begann: Philosophie und Pädagogik. Maria Montessori besuchte viele Schulen und führte dort anthropologische Untersuchungen durch. Dabei war sie zunehmend entsetzt über die schlechten Verhältnisse an den Schulen. Sie entwickelte deshalb das Material von Séguin und Itard weiter und war ebenso wie diese davon überzeugt, dass sich dieser Ansatz auch auf die Erziehung gesunder Kinder übertragen ließe.

Ein schwerer persönlicher Schlag dürfte ihren weiteren privaten und beruflichen Weg sehr beeinflusst haben (so jedenfalls sehen wir es, auch wenn Maria Montessori sich dazu unseres Wissens selbst nicht geäußert hat): Als sie von ihrem Lebensgefährten und Kollegen Dr. Giuseppe Montesano schwanger geworden war, verließ dieser sie abrupt. Nach der Geburt ihres Sohnes Mario sah sie sich unter gesellschaftlichem und familiärem Druck, besonders durch ihre Mutter, gezwungen, den Sohn zu Pflegeeltern aufs Land zu geben. Erst nach dem Tod ihrer Mutter, Mario war damals bereits 14 Jahre alt, nahm sie ihn zu sich. Die Tragik, ihr eigenes Kind nicht selbst großziehen zu können, hat sicher ihr Engagement für die Kinder dieser Welt gesteigert.

Es lohnt sich sehr, Biografien über Maria Montessori wie die oben genannten genauer zu studieren. Wir geben hier nur die wichtigsten Stationen ihres beruflichen Lebens kurz wieder:

1907 Eröffnung der ersten »Casa dei bambini« in Rom in einer von Ingenieur Talami erstellten Armensiedlung

1908 Casa dei bambini in Mailand

1909 Erster internationaler Ausbildungskurs für ungefähr 100 Lehrerinnen und Lehrer; erstes Buch: *Il metodo della pedagogia scientifica applicata all' educazione infantile nella casa dei bambini* (Deutsch: *Selbsttätige Erziehung im frühen Lebensalter*)

1910 Errichtung einer Demonstrationsschule an der Via Giusti in Rom, viele internationale Besucher; Aufgabe der Arztpraxis und der Dozentur an der Universität

1911 Erste Montessori-Schulen in den USA

1912 Graham Bell, Erfinder des Telefons, errichtet in seinem Haus eine Montessori-Klasse; das Buch *Selbsttätige Erziehung* erscheint in den USA mit einer Auflage von 5 000 Exemplaren und ist in vier Tagen ausverkauft.

1913 Einen absoluten Höhepunkt ihrer Karriere in diesen frühen Jahren bedeutet ihre erste Reise in die USA. Maria Montessori schlägt eine Welle der Begeisterung entgegen. Offensichtlich hat sie auf die Bedürfnisse der Menschen nach einer für Kinder sinnvollen und für eine moderne Gesellschaft adäquaten Erziehung geeignete Antworten – Amerika ist entzückt.

1915 Zweite Reise in die USA

1916–1922 Übersiedlung nach Barcelona, von dort aus

Kurse und Vorträge in Holland, USA (dritte Reise), England, Wien, später Argentinien (Buenos Aires, La Plata, Córdoba)

1922 Rückkehr nach Italien; paradoxerweise sind es die Faschisten, die ihre Pädagogik zunächst im ganzen Lande einführen (Mussolini war von Haus aus Volksschullehrer).

1932 Gründung der Schweizer Montessori-Gesellschaft, Präsident ist der berühmte Entwicklungspsychologe Jean Piaget.

1933 Der Dritte Internationale Montessori-Kurs, ursprünglich für Berlin geplant, findet in Amsterdam statt. In Deutschland werden Bücher von Maria Montessori verbrannt.

1934 Als Mussolini den Faschistengruß im Unterricht verlangt, zieht Maria Montessori den Schlussstrich: Sie verlässt Italien trotz des Angebots, das gesamte Kindergartenwesen Italiens unter ihre Leitung zu stellen, und geht nach Barcelona zurück. Später zieht sie weiter nach England und Holland.

1937 Sechster Internationaler Montessori-Kongress in Kopenhagen, Thema: »Erziehung zum Frieden«

1939–1946 Aufenthalt in Indien. Montessori befindet sich dort zu einem Ausbildungskurs und wird bei Eintritt Italiens in den Zweiten Weltkrieg mit ihrem Sohn interniert. Maria und Mario Montessori werden dabei getrennt untergebracht. In dieser Zeit kann dennoch die Ausbildung von etwa 1 000 indischen Lehrerinnen und Lehrern stattfinden. Maria Montessori trifft sich mit Gandhi, Nehru, Tagore. Sie befasst sich intensiv mit indischen religiösen und philosophischen Konzepten. Und sie widmet sich hier sehr der Erforschung des Säuglingsalters.

1946 Rückkehr nach Holland, 1947 nach Italien

1947 Maria Montessori hält vor der UNESCO den Vortrag »Erziehung und Frieden«. Sie erhält das Angebot für einen Lehrstuhl in Berlin – ein beachtlicher Fakt nach der Bücherverbrennung durch die Nazis. Doch, traurig für das deutsche Schulsystem, zieht sie es vor, weitere Ausbildungskurse in Indien, Pakistan und Ceylon abzuhalten.

1949 In San Remo findet der Achte Internationale Montessori-Kongress statt mit 500 Teilnehmern. Maria Montessori wird in diesem Jahr für den Friedensnobelpreis vorgeschlagen, der Rektor der Sorbonne überreicht ihr das Kreuz der Französischen Ehrenlegion. Es häufen sich weitere Ehrungen. Maria Montessori wird Professorin der Universität Perugia und fährt zu Vortragsreisen nach Skandinavien.

1952 Sie macht noch Pläne für eine Reise nach Ghana, doch am 6. Mai stirbt Maria Montessori unerwartet in Noordwijk aan Zee in Holland.

# Das Kind als Baumeister
## des Menschen

An diesem Thema scheiden sich die Geister. Für uns ist es das Zentrum der Montessori-Pädagogik.

Was damit gemeint ist, hat Maria Montessori sehr klar in ihrer berühmten Parabel von der Froschmutter ausgedrückt. In einem Vortrag vor Eltern und Pädagogen sagte sie:

»Angenommen, eine närrische Froschmutter würde ihren kleinen Kaulquappen im Teich sagen: ›Kommt heraus aus dem Wasser, atmet die frische Luft ein, vergnügt euch im grünen Gras, dann werdet ihr alle zu starken, gesunden kleinen Fröschen heranwachsen. Kommt schon mit, Mutter weiß es am besten!‹ Wenn dann die kleinen Kaulquappen versuchten zu gehorchen, würde es gewiss ihr Ende bedeuten.

Und doch ist dies die Art, wie so viele von uns versuchen, ihre Kinder zu erziehen. Wir sind darauf bedacht, sie zu intelligenten und nützlichen Bürgern zu machen, die guten Charakter und gute Manieren an den Tag legen. Und so verwenden wir viel Zeit und Geduld darauf, sie zu korrigieren, ihnen zu sagen: ›Dies tu, und dies lasse!‹ Und wenn sie fragen: ›Warum, Mami?‹ – dann halten wir nicht inne, um zu bedenken, warum wir eingreifen, sondern schieben sie beiseite mit dem Wort: ›Mutter weiß es am besten.‹

Wir sind genau in derselben Position wie der törichte Frosch, wenn wir es nur sehen könnten. Dieses kleine Leben, das wir zu modellieren bemüht sind, braucht kein Drängen und Quetschen, kein Verbessern und Bemäkeln, um seine Intelligenz und seinen Charakter zu entwickeln. Die Schöpfung achtet auf die Kinder ebenso, wie sie dafür sorgt, dass die Kaulquappe zu einem Frosch wird, wenn die Zeit dazu da ist.«[9]

Hat Maria Montessori mit dieser Parabel überzogen? So wird häufig voller Skepsis nachgefragt. Dann können wir auf Beispiele aus der Welt der Erziehung verweisen, die sie dazu gegeben hat. Überzeugender aber ist es, selber über eigene Erfahrungen mit Kindern nachzudenken.

Haben wir es als Eltern in der Hand, wann unser Kind zu sprechen anfängt und welche Worte es sagt? Nein. Da haben wir, wie es vielfach geschehen ist, dem Kind wieder und wieder »Mama« und »Papa« vorgesagt, es lächelte freundlich, sagte nichts, plötzlich, auf einmal, macht es den Mund auf – und was kommt? »Auto.« Hatten wir Erwachsenen es in der Hand?

Und wie ist es beim Laufenlernen? Haben wir es in der Hand, wann und wie unser Kind damit beginnt? Nein. Es hilft kein Zerren, kein Hochziehen, kein gutes Zureden. Das Kind läuft dann, wenn es die entsprechende Entwicklungsstufe erreicht hat. Das liegt nicht in der Macht von uns Erwachsenen.

In der seelischen und geistigen Entwicklung durchdringen sich die Einflüsse von innen und von außen natürlich weitaus komplexer als bei diesen frühen Reifungsvorgängen. Selbstverständlich ist hier die Bedeutung der Eltern enorm – und wird zugleich immer wieder maßlos überschätzt. Montessori warnte:

»Man hat nämlich irrtümlich angenommen, nicht nur die Muskeln, also das Fleisch des Kindes, sondern das Kind selbst sei passiv und bar jedes psychischen Inhalts. In der Folge, angesichts der großartigen, wenn auch späten Kundgebungen der kindlichen Psyche, glaubte der Erwachsene, er erst habe dem Kind durch Pflege und Hilfe dazu verholfen, eine Seele zu entwickeln. Der Erwachsene hielt sich gewissermaßen für den schöpferischen Former des Kindes, für den Baumeister seines psychischen Daseins. So vermeinte er, von außen her ein schöpferisches Werk vollbringen zu können, indem er dem Kinde Anreize, Richtlinien und Ratschläge gab und auf diese Weise in ihm Intelligenz, Gefühl und Willen zu entwickeln wähnte. Damit schrieb sich der Erwachsene eine nahezu göttliche Macht zu. Er kam dahin, sich für den Gott des Kindes zu halten und den Satz der Schöpfungsgeschichte: ›Ich will den Menschen nach meinem Bild und Gleichnis schaffen‹ auf sich selber anzuwenden.«[10]

Der wahre Baumeister aber sei das Kind selber. Es verfüge über einen »inneren Bauplan der Seele und über vorbestimmte Richtlinien für seine Entwicklung«[11]. Diese könnten sich aber nicht so einfach nach außen hin zeigen und würden deshalb von den Erwachsenen nicht wahrgenommen. In Wirklichkeit besitze das Kind schon ganz früh ein aktives Seelenleben, und es arbeite »im Geheimen an seiner Entwicklung«[12].

Montessori spricht mit drastischen Worten von einer »im Dunkel eingeschlossenen Seele, die sich bemüht, ans Licht zu gelangen, geboren zu werden«[13]. Sie nennt das Kind einen »geistigen Embryo«[14], um dessen Entwicklung sich »ein noch nie geschildertes Drama«[15] abspiele.

»So schafft die menschliche Persönlichkeit sich selbst, und aus dem Embryo, dem Kind, wird der Schöpfer des Menschen, der *Vater des Menschen*.«[16]

An anderer Stelle drückte Maria Montessori es so aus:

»Das Kind ist nicht ein leeres Gefäß, das wir mit unserem Wissen angefüllt haben und das uns so alles verdankt. Nein, das Kind ist der Baumeister des Menschen, und es gibt niemanden, der nicht von dem Kind, das er selbst einmal war, gebildet wurde.«[17]

Der Mensch bildet sich also selbst nach seinem inneren Plan, er ist der Baumeister. Damit ist das Kind in gewissem Sinne der Baumeister seiner selbst. Aber es vollführt das nach Montessori nicht selbstherrlich oder selbstgenügsam, nicht losgelöst von der Welt. Vielmehr ist das Kind bei diesem Bau entscheidend auf seine Mitwelt, insbesondere die Eltern, angewiesen, allerdings als aktiv aufnehmendes, eroberndes Wesen, nicht als passives Gefäß.[18]

Den Eltern kommt eine Aufgabe zu, die Montessori geradezu emphatisch folgendermaßen beschrieben hat:

»Die Eltern sind die Wächter des Kindes, aber nicht seine Bauherren. Sie müssen es pflegen und beschützen im tiefsten Sinne dieser Worte, gleich einem, der eine heilige Aufgabe übernimmt, die über die Anliegen und Begriffe des äußeren Lebens hinausreicht. Die Eltern sind über-natürliche Wächter wie die Schutzengel, von denen die Religion spricht, und sie unterstehen ausschließlich und unmittelbar dem Gebot des Himmels, sind stärker als alle menschliche Autorität und mit dem Kind durch Bande vereint, die unlösbar sind, mögen sie auch unsichtbar sein. Zu solcher Aufgabe müssen die Eltern die Liebe, die von der Natur ihnen in die Seele gelegt wurde, läutern, und sie müssen verstehen, dass diese Liebe der bewusste Teil eines noch tieferen Gefühls ist, das nicht durch Egoismus oder Trägheit des Herzens verdorben werden darf. Die Eltern müssen mit Offenheit und Bereitschaft dem brennendsten Sozialproblem begegnen: ich meine den Kampf um die Anerkennung der Rechte des Kindes.«[19]

Das Kind als »Baumeister des Menschen« war damals *die* Sensation in der Pädagogik – und ist es bis heute!

Wahrscheinlich würden wir zurzeit eher von »Potenzialen« sprechen, von »Energien« oder »Kräften«. Doch eigentlich ist das Bild vom Baumeister viel plastischer, viel zutreffender – und zugleich auch von herausfordernder Radikalität. Es stellt das bis heute weiterhin gängige Menschenbild infrage, nach dem das kleine Kind immer noch in erster Linie von außen, von den Erwachsenen »gebildet« werden soll. Das Kind aber als »Bildner« seiner selbst? Da wirken Maria Montessoris Aussagen weiterhin revolutionär.

Zu diesen kühnen Feststellungen kam sie entscheidend durch ganz konkrete Beobachtungen von Kindern, die sie mit geübtem Auge und wachem Geist vornahm. Hier stellte sie immer wieder fest, wie sehr der Entwicklungs- und Lernprozess des Menschen durch eine innere Uhr bestimmt ist.

Dieser Entwicklungsprozess verläuft nach Maria Montessori in sogenannten sensiblen Phasen. Es handelt sich dabei um besondere Empfänglichkeitszeiten für bestimmte Inhalte. Sie sind von vorübergehender Dauer und ermöglichen dem Kind das Erwerben von bestimmten Fähigkeiten. Wird dem Kind dies verwehrt, kommt es zu Entwicklungsstörungen, die sich später nur noch schwer, unter Umständen überhaupt nicht mehr überwinden lassen.[20]

Das folgende Beispiel aus Ingeborgs Schulpraxis zeigt, wie stark das Bedürfnis, Baumeister zu sein, auch bei älteren Kindern noch sein kann.

Annette, so will ich sie nennen, war ein Kind, das in der Grundschule trotz nachgewiesener hoher Intelligenz versagt hatte. Besonders im Bereich »Sprache« zeigte sie große Schwierigkeiten: In Rechtschreibung und Sprachgestaltung wies sie sowohl schriftlich als auch mündlich große Defizite auf. Und zuweilen stotterte sie. Schulangst zeichnete ihren Weg: Angst vor Tests, vor Druck, vor der Versetzung, Angst vor jedem neuen Tag. Ihre zwei älteren Geschwister besuchten bereits das Gymnasium, was für die Eltern – beide Akademiker – völlig selbstverständlich war. Umso alarmierter waren sie angesichts Annettes unerklärlichem Schulversagen.

Durch Freunde hatten die Eltern von der Montessori-Schule erfahren und nach längerem Ringen und sozusagen als letzte Lösung meldeten sie schließlich ihre Tochter für die 5. Klasse in der Sekundarstufe an.

Annette, die langjährige Schulversagerin, stürzte sich vom ersten Tag an begeistert auf die Montessori-Materialien, die sie faszinierten und an denen sie konzentriert arbeitete. Insbesondere das Rechenbrett zur großen Division (als Vorbereitung zur schriftlichen Division) hatte es ihr angetan, sie konnte einfach nicht genug davon bekommen. Ihre Augen leuchteten, und zwischendurch und in den Pausen nahm sie ganz ungezwungen Kontakt mit den Mitschülerinnen und Mitschülern auf. Für mich als Lehrerin war es eine Freude, ihr zuzusehen, und mit entsprechender Gelassenheit ging ich nach zwei Wochen in das erste Elterngespräch.

Es war fast ein Schock für mich, wie die Eltern, beide sehr sympathische Personen, auf meine Beobachtungen reagierten: Mathematik, ja, das hätte sie doch immer einigermaßen brauchbar gekonnt, aber Sprache, *das* sei ihr Problem, daran müsse sie endlich mal richtig arbeiten, das müsse ihr hier in der neuen Schule von vornherein abverlangt werden. Man dürfe doch nicht zulassen, dass sie dermaßen ausweiche!

Hätte ich nicht schon die verschiedensten Erfahrungen damit gemacht, dass die Entwicklungswege von Kindern oft anders verlaufen, als wir Erwachsenen es uns vorstellen, wäre ich sicherlich zutiefst verunsichert gewesen. So aber erklärte ich in einiger Ruhe das Geheimnis der »sensiblen Phasen« – Phasen höchster Motivation für bestimmte Bereiche. Und ich erläuterte, dass es zum Montessori-Weg gehört, ein entsprechendes Sich-Vertiefen zuzulassen, auch über längere Zeit. Die Eltern gingen ruhiger, aber nicht beruhigt.

Nach einiger Zeit wandte sich Annette Themen aus Geografie und Astronomie zu und schrieb schließlich mit einer Freundin zusammen ein Referat über die Planeten. Sie *schrieb* – und merkte es nicht!

Und wieder beklagte sich die Mutter, diesmal während des Elternabends, über die mangelnden Lern- und Übungsfortschritte ihrer Tochter.

Erst viel später wandte sich Annette dezidiert Aufgaben aus dem Grammatik- und Rechtschreibprogramm zu, dann aber mit großer Freude und geradezu atemberaubendem Erfolg.

Und die Eltern? Waren sie jetzt überzeugt von den besonderen Qualitäten des Montessori-Wegs für ihre Tochter? Sie nahmen Annettes positive Veränderungen in den Leistungen mit großer Freude und sehr dankbar auf, doch kaum befand diese sich in der 6. Klasse und war voll von Lernbegeisterung, da wünschten die Eltern, Annette solle auf die Realschule wechseln (die damals noch mit der 7. Klasse begann). Es setzten dramatische Auseinandersetzungen in der Familie ein.

Annette löste diese schließlich auf ihre Weise: Dem Drängen der Eltern gab sie insoweit nach, dass sie zusammen mit ihrer engsten Freundin die Vorbereitungen für die Aufnahmeprüfung intensiv in Angriff nahm – und sie bestanden beide. Aber dann setzten beide Kinder durch, dass sie weiterhin auf der Montessori-Schule bleiben konnten. Sie hatten gemerkt, dass sie hier nach ihrem Rhythmus und Tempo in Ruhe ihre Entwicklung fortsetzen und eigene Lernstrategien entwickeln konnten. Sie schätzten das Vertrauen, die Gelassenheit und die Freude am Lernen in der Montessori-Schule. Hier fühlten sie sich wohl, hier blieben sie.

Und was ist aus Annette geworden? Hielt ihre positive Entwicklung an? Ja. Sie bestand den qualifizierenden Hauptschulabschluss mit »Gut« und ging weiter auf dem Zweiten Bildungsweg bis zur Hochschulreife. Wir sind noch lange in Verbindung geblieben.

# Beobachten – die große Kunst des Loslassens

Täuschen wir uns nicht: Beobachten ist ein äußerst schwieriges Unterfangen.

Das gilt keineswegs nur für die Montessori-Pädagogik. Im Alltagsleben bemerken wir meist die Fallstricke nicht. Es erstaunt uns zum Beispiel sehr, wenn bei Zeugenaussagen vor Gericht die größten Widersprüche auftreten. Hier muss doch jemand lügen! Aber oft ist gerade fehlerhafte Beobachtung der wahre Hintergrund. Sogar Passanten, die selber unbeteiligt waren an einem Unfall, können felsenfest überzeugt sein von etwas, das sich durch andere Aussagen schließlich als völlige Fehlwahrnehmung herausstellt. Umso mehr gilt das, wenn man selber betroffen war, denn eigene emotionale Beteiligung ist eine der massivsten Fehlerquellen beim Beobachten überhaupt.

1993 trafen wir in Buenos Aires bei einem Seminar über Montessori-Pädagogik, das Ingeborg dort in der Fundación Holismo von Professor Carlos Wernicke gab, auf eine alte Dame, Frances Wolff, eine gebürtige Engländerin, die 1921 in London bei Maria Montessori einen Ausbildungskurs absolviert hatte. Sie berichtete uns, wie wichtig Montessori das Einüben des Beobachtens war. »Stellen Sie sich vor, am Anfang des Kurses war es unsere Aufgabe, Kinder während der Freiarbeitsphase in der Casa dei bambini in London zu beobachten – drei Stunden im Stehen! Als eine Teilnehmerin meinte, dass sie das nicht aushalten könnte, schickte Montessori sie nach Hause mit den Worten: ›Zuerst müssen Sie das Beobachten lernen, erst dann können Sie Montessori-Pädagogin werden!‹«

Frances Wolff sagte das voll größter Anerkennung, wobei die körperliche Anstrengung wohl nur die oberflächliche Seite dessen war, was es bedeutete, vom üblichen Hinschauen zu einer konzentrierten Beobachtung zu kommen.

Maria Montessori konnte offensichtlich recht hart sein. In ihren Schriften zeigt sich das manchmal sehr deutlich, und für das Beobachten galt das nach diesen Erfahrungen wohl erst recht. Doch es war keine Härte *gegen* die LehrerInnen, sondern *für* sie gemeint. Es war ein In-Abstand-Gehen aus Liebe und in Liebe zum Kind.

Es gibt neben der emotionalen Verstrickung viele weitere Fallen beim Beobachten. Das können vorgefasste Konzepte und Meinungen sein, unklare Gefühle, untergründige Verzweiflung, Beklommenheiten, Ängste, Selbstverurteilungen. Oder unser Blick wird durch Vorurteile und Bewertungen verzerrt: Männer sind so und so, dieses Kind will mich nur provozieren, dieses Kind ist faul ...

Demgegenüber hat Ingeborg vom »empathischen Beobachten« gesprochen: »Das empathische Beobachten – das einfühlsame Beobachten, das Kinder und Jugendliche so belässt, wie sie sind – (...) löst das wertende, urteilende, aburteilende Beobachten ab.«[21]

Hier geht es um ein Beobachten, das Distanz hält und zugleich von Einfühlung getragen ist. Wirkliches Beobachten kann nur in diesem Spannungsfeld vor sich gehen. Dabei ist besonders das Fehlen von Beurteilungen außerordentlich wichtig im Umgang mit Kindern, wo wir immer wieder voll sind von offenen oder versteckten Bewertungen.

Der dänische Familientherapeut Jesper Juul hat in einem Interview zum Erscheinen seines Buchs *Das kompetente Kind* gesagt, dass wir »heute dem Kind auf eine andere Art und Weise begegnen. Mein Konzept ist zu versuchen, herauszufinden, ›wer das Kind ist‹, und nicht zu erklären, warum es sich so verhält, wie Psychologen und Pädagogen es herkömmlich tun. Das ist der einzige Weg, eine Beziehung zum Kind herzustellen, die trägt.«[22]

Deshalb ist die Beobachtung absolutes »Muss« in einer Schule, in der vom inneren Bauplan des Kindes ausgegangen wird.

Aber auch dann haben wir immer noch keine Garantie dafür, einigermaßen sicher verstehen zu können, wie das Kind nun »wirklich« ist. Wir meinen vielleicht, uns eingefühlt zu haben, aber sind von unseren eigenen Gefühlen dominiert und sagen etwa: »Er sieht so traurig aus« – in Wirklichkeit aber liegt die Traurigkeit in uns selber, nur haben wir sie noch nicht wahrhaben wollen. Die Gefühlslagen anderer zu erkennen ist alles andere als einfach. Es setzt viel an Reflexion der eigenen Verfassung voraus.

Wirklich »objektive« Wahrnehmungen gibt es nicht, vielmehr hängen sie immer auch vom Wahrnehmenden ab. Was sogar in der Physik die Grenzen der Erkennbarkeit ausmacht, gilt erst recht bei Wahrnehmungsvorgängen zwischen Menschen.

Beobachtung braucht Distanz. Hieraus ergibt sich oft ein großes Unbehagen gegenüber dem Beobachten. Sind wir zu sehr in Abstand zum anderen? Entfernen

55

wir uns also von ihm? Wir haben häufig das Gefühl, den anderen, insbesondere das Kind, zu verraten oder allein zu lassen. Dann sind wir es, die auf das Kind zulaufen und es in den Arm nehmen, obwohl es gar nicht danach gerufen hat. Dabei geht es in Wirklichkeit nicht um die Angst des Kindes, sondern um unsere eigene.

Hier liegt eine große Hürde beim Beobachten: Es konfrontiert uns mit uns selber. Beobachten heißt also in erster Linie, in Abstand zu sich selber zu gehen. Das ist schwer – aber außerordentlich fruchtbar.

Wir können uns bemühen, den Einfluss der subjektiven Verzerrungen zu verringern. Das ist es, was Maria Montessori uns gezeigt und vorgelebt hat. Ihr ganzes Werk beruht auf dem systematischen Beobachten. Wir empfehlen sehr, ihr bei der Arbeit zuzuschauen und sich dazu genauer in ihre Schriften zu vertiefen.

Beobachten, wie sie es gelehrt hat, ist weitaus mehr als eine Methode – es kann eine Grundhaltung unseres Umgangs mit anderen und mit uns selber sein. Es ist ein Beobachten, das Distanz aushält und aus der Distanz eine Verbindung zum anderen herstellt.

Aus Beobachtungen kann sich sehr viel ergeben. Ingeborg berichtet:

Arno kam in der 5. Klasse auf die Montessori-Schule. Er hatte die staatliche Grundschule besucht und war dort nicht sehr glücklich gewesen, vielmehr unkonzentriert und aggressiv. Er hatte lustlos gelernt. Die Eltern suchten eine Alternative für ihn.

Arno staunte in der Montessori-Schule über die für ihn völlig neue Art zu lernen. Besonders die Freiarbeit machte ihn stutzig.

Einmal saß ich, während die Kinder an ihren Projekten arbeiteten, auf meinem Stuhl am Rande der Klasse und beobachtete, schrieb auf und schaute immer wieder hin. Arno saß auf dem Teppich und arbeitete am Markenspiel, einem Material zu den vier Grundrechenarten. Er blickte mehrmals zu mir hin, stand schließlich auf und fragte mich: »Ingeborg, langweilst du dich?«

Ich fragte zurück: »Warum meinst du das?«

Arno: »In meiner vorigen Schule hat die Lehrerin nie gesessen im Unterricht. Sie ist rumgelaufen, hat gestanden, hat an die Tafel geschrieben, und wir mussten es dann abschreiben.«

Ich erklärte Arno nochmals das Prinzip der Freien Arbeit, nämlich dass alle verantwortlich sind für ihr Lernen und dass ich Helferin und Beobachterin bin. »Ich habe ein Kind beobachtet, 30 Minuten lang.«

Pause.

»Mich?!«

»Ja. Und magst du wissen, was ich aufgeschrieben habe?«

Er war begierig. Wir setzten uns zusammen, und ich las ihm vor, was ich bei ihm in den 30 Minuten beobachtet hatte. »Habe ich so oft weggeschaut?« Etwas später: »Da muss ich mich selbst mehr beobachten.«

Bei dieser sowie einer weiteren Beobachtung fiel mir auf, dass Arno offensichtlich Schwierigkeiten mit der Wahrnehmung hatte. Das wurde besonders bei der Arbeit mit Montessori-Material offensichtlich. In einem Einzelgespräch fragte ich die Mutter, ob sie das schon wüsste. Sie verneinte. Und sie sagte: »Da werde ich mal genauer drauf achten.«

Als wir uns wieder trafen, berichtete sie, dass sie

tatsächlich zu demselben Ergebnis gekommen war, und das zu ihrem eigenen Erstaunen. Sie frage sich, wieso es ihr und ihrem Mann so lange entgangen war. »Man kennt doch tatsächlich das eigene Kind nicht!«

Wir besprachen dann auf dieser gemeinsamen Grundlage, wie sich Arnos Problematik angehen ließe. Mit viel Arbeit anhand des Montessori-Materials in der Schule und mit einer unterstützenden Montessori-Therapie konnte Arnos so lange unentdecktes Handicap in den nächsten Jahren überwunden werden.

Im Nachhinein wurde auch klar, wie sehr diese verborgene Schwierigkeit seinerzeit zu seinen Schulproblemen beigetragen hatte. Erst im distanzierten, konzentrierten Beobachten hatte sie sich entdecken lassen, in einer Situation, die dem Jungen so fremd war, dass er fragte: »Langweilst du dich?«

Hier noch eine andere Erfahrung mit dem Beobachten:

In den Zertifikationsseminaren von MoBil (Montessori-Bildungsakademie im Rahmen des Landesverbands Bayern) wird besprochen, wie Beobachtungen in Lerngruppen durchzuführen sind:

- 20 bis 30 Minuten Beobachtung eines einzelnen Kindes oder Jugendlichen
- Dies in Empathie und Distanz zugleich
- Schriftliche Aufzeichnungen sehr detailliert, ohne Bewertungen, ohne Deutungen, lediglich Beschreibung der Tätigkeiten
- Sich nicht unterbrechen lassen, vielmehr vorher mitteilen: »Jetzt bin ich nicht zu sprechen. Ich beobachte.«

Nach diesen Informationen herrschte in einer Seminar-
gruppe große Unruhe. »Das geht doch nicht! 30 Minuten Beobachtung? Das ist einfach unmöglich! Das können wir nicht! Und das halten die Kinder nicht aus!«
Wir, die beiden Seminarleiterinnen, ließen uns nicht be-
irren, erklärten weiter anhand eigener Erfahrungen
und von Zitaten aus Montessoris Schriften die Bedeutung dieser Punkte. Und wir stellten eine Aufgabe für
die Zeit bis zum folgenden Treffen: jeweils ein Kind in
der vorgetragenen Weise zu beobachten.

Einen Monat später fand der nächste Seminartag
mit dieser Gruppe statt. Die Reflexion der Beobachtungen stand im Mittelpunkt.

»Das war vielleicht spannend, das mit dem Beobachten«, so begann ein Kollege seinen Bericht über die
Beobachtung eines Neuntklässlers, der ihn schon länger durch Untätigkeit zu provozieren schien und den er
tatsächlich 30 Minuten lang beobachtet hatte.

»Also, ich beobachtete: Sven saß über einer Mathematikaufgabe, er gähnte, kratzte sich am Kopf, schaute
aus dem Fenster, schaute aufs Blatt.« Das Vorurteil des
Kollegen schien bestätigt: »Der Junge ist unmotiviert,
leicht ablenkbar, lustlos!« Aber er hielt sich an die Regel und notierte lediglich das, was er sah – nicht das,
was er dachte.

Nach 25 Minuten griff Sven zum Füller, schaute in
sein Mathematikheft, blickte nicht mehr auf, rieb sich
kurz die Stirn, schrieb in sein Heft, klappte es zu und
stand von seinem Platz auf.

Der Kollege sagte ihm, dass er ihn beobachtet hatte,
und fragte, ob der Junge sich für die Aufzeichnungen
interessieren würde. Sie setzten sich zusammen, und
der Lehrer las seine Notizen vor.

Dann aber staunte er nicht wenig, als ihm der Junge zeigte, was er in den letzten fünf Minuten geschrieben hatte. Es war die Lösung einer komplizierten Mathematikaufgabe aus dem Vorbereitungsheft für den qualifizierenden Hauptschulabschluss. »Und was hast du in der Zeit davor gemacht?« »Nachgedacht!«

Der Kollege war fast geschockt – und geheilt von seinen Vorurteilen. Er war, wie er sagte, heilfroh, dass er diese Beobachtung gemacht hatte. Sie veränderte sein Bild des Jungen tief gehend. Er sagte: »Es war ein gutes Gefühl zwischen uns!« Und Sven habe die Beobachtung nicht etwa als Kontrolle aufgefasst, sondern als Zuwendung.

Ähnlich äußerten sich die anderen Kolleginnen und Kollegen im Seminar. Besonders überrascht zeigten sie sich davon, dass es nach Ankündigung tatsächlich möglich war, sich zur Beobachtung »zurückzuziehen«. Eine fast andächtige Stille habe während dieser ganzen Zeit in der gesamten Lerngruppe geherrscht.

Und wie ist es mit den Eltern? Wäre es nicht interessant, das eigene Kind einmal so zu beobachten beim Spiel, beim Arbeiten – ohne einzugreifen, ohne sich ablenken zu lassen?

Abschließend eine Erfahrung von Jürgen:

Seit vielen Jahren bin ich von meiner Beratungsstelle aus in Kinderkrippen tätig. Eine meiner Aufgaben besteht im Beobachten der Kindergruppen. Wenn ich hinkomme, weiß ich nichts von ihnen, kenne keinen einzigen Namen. Im ersten Moment wirkt die Mehrzahl der Kinder relativ gleich. In den folgenden anderthalb bis zwei Stunden ändert sich das radikal. Was für Persönlichkeiten! Jedes Kind anders! Und so interessant, so voll von Leben und von Eigenem, solche Charaktere! Und plötzlich sind mir alle Namen vertraut, auch die ungewöhnlichsten. In der anschließenden Besprechung mit den Erzieherinnen gibt es außerordentlich viel auszutauschen und zu besprechen. Die Beobachtungen, ihre wie meine, sind dafür die entscheidende Grundlage.

# Die innere Haltung des Erwachsenen

Beginnen wir mit einem Zitat, das es in sich hat. In der für sie typischen Klarheit stellte Maria Montessori die Forderung auf:

»Immer muss die Haltung des Lehrers die der Liebe bleiben. Dem Kind gehört der erste Platz, und der Lehrer folgt ihm und unterstützt es. Er muss auf seine eigene Aktivität zugunsten des Kindes verzichten. Er muss passiv werden, damit das Kind aktiv werden kann.«[23]

Hier werden nicht nur Ansprüche für die Anwendung pädagogischer Methoden gestellt. Vielmehr geht es um die menschliche Haltung insgesamt. Und es wird nichts Geringeres gefordert als Liebe. Und eine Liebe soll es sein, die sich selbst zurückstellt zugunsten des Kindes. Was für Anforderungen!

Als Ingeborg 1978 an der Montessori-Schule anfing, erfuhr sie im begleitenden Kurs in Montessori-Pädagogik zwar viel an Unterweisung in der Materialarbeit, doch diese grundlegenden Themen der inneren Haltung standen eher im Hintergrund – und dennoch waren sie in der täglichen Arbeit sehr präsent, wie der folgende Bericht zeigt.

Ich war voller Bewunderung und Zustimmung für diese und ähnliche Worte, als ich mich zur Vorbereitung auf meine Tätigkeit an der Montessori-Schule München in die Werke Maria Montessoris vertiefte. Aber dann stand ich dort in der Klasse, hatte eine Woche Hospitation bei Kolleginnen und Kollegen hinter mir, hatte durchaus mit Staunen wahrgenommen, wie ruhig und konzentriert es da ablief ohne hektische Bemühungen vonseiten der Erwachsenen – aber wie sollte ich das nur schaffen? Darauf war ich doch gar nicht vorbereitet!

Hinter mir stand mein beruflicher Werdegang mit Studium und sogenannter Junglehrerausbildung an einer staatlichen Schule in Nordrhein-Westfalen. Da galt es für eine gut beurteilte Stunde einen originellen Einstieg zu finden, eine möglichst attraktive Darbietung des neuen Stoffes zu geben und dann ein geschicktes Abfragesystem einzuführen. Dies alles in der unausgesprochenen Hoffnung, dass alle Kinder zur gleichen Zeit das gleiche Interesse und das gleiche Aufnahmevermögen für meine Bemühungen hätten. Zwar war mir schon bald dieses System suspekt geworden, und ich hatte, unterstützt von meinem damaligen Schulrat, angefangen, neue Wege zu gehen, reformpädagogische Ansätze auszuprobieren. Ich hatte auch mittlerweile mehr als zehn Berufsjahre hinter mir – doch jetzt, vor diesen Klassen an der Montessori-Schule, in denen ich zunächst als Fachlehrerin Englisch unterrichten sollte, kam mir das alles ganz und gar nicht hilfreich vor. In meinem Über-Ich tobten Sätze von Maria Montessori, wie ich zu sein hätte:

»Der Lehrer wäre im Irrtum, der meinte, er könne sich auf seine Aufgabe ausschließlich durch Studieren und Anhäufung von Wissen vorbereiten: in allererster Linie ist für ihn eine klare innere Haltung erforderlich.«[24]

Da war es also schon wieder: Auf meine innere Haltung kam es an. Aber die hatte ich jetzt gar nicht, beziehungsweise sie schwankte zwischen Zittern und längst überwunden geglaubter Starrheit. Wie also konnte ich »gut« sein im Sinne dieser strengen Montessori?

Ganz konkret: Was konnte, was sollte ich tun im Anfangs-Englischunterricht, wo doch eine Einführung gegeben werden muss – oder?

Mein Knäckebrot, das ich mir für die Pause mitgebracht hatte, wurde zur Rettung nach ein paar Stunden. »What is it?«, fragte ein Mädchen und zeigte darauf. Daraus entwickelte sich eine kreative Spielszene, in der wir das Brot auspackten, abbrachen, verteilten, es aßen, uns fragten, ob wir genug davon hätten. Das alles vollzog sich auf Englisch, sehr lebendig, sehr fröhlich. Ich war erleichtert!

Später, nach einem halben Jahr, als ich die Leitung einer Integrationsklasse von behinderten und nicht behinderten Kindern übernahm, habe ich immer wieder erleben können, was Maria Montessori vor sich sah, wenn sie als Grundfehler bei den Lehrenden die Kombination von Stolz und Zorn benannte und stattdessen eine Haltung von Liebe und Demut dem Kind gegenüber forderte:

»Die Vorbereitung, die unsere Methode vom Lehrer verlangt, besteht in Selbstprüfung und im Verzicht auf die Tyrannei. Er muss aus seinem Herzen Zorn und Stolz verbannen, muss lernen, demütig zu sein, und sich in Liebe kleiden. Das ist die innere Haltung, die er einnehmen muss, die Grundlage, auf der es sich zur Ausgewogenheit gelangen lässt, der unentbehrliche Stützpunkt für sein Gleichgewicht. Darin besteht die innere Vorbereitung: ihr Ausgangspunkt und ihr Ziel.«[25]

Theoretisch stimmte ich Maria Montessori ja völlig

zu, aber wie war das in diesem schwierigen neuen Pra-
xisfeld umzusetzen? Immer wieder musste ich mir zäh-
neknirschend eingestehen, innerlich oder auch äußerlich zornig geworden zu sein, obwohl ich es eigentlich
doch nicht wollte! Und es wäre auch gar nicht nötig
gewesen, anders ging es viel besser, merkte ich dann
mit mehr oder weniger Beschämung.

Mit Stolz, Hochmut, Arroganz hatte ich, so scheint
es mir, weniger Probleme. Die achtungsvolle Haltung
den Kindern gegenüber fiel mir nicht schwer, sie deckte
sich mit meiner Einstellung und hatte mich ja auch wesentlich bewogen, auf eine Montessori-Schule zu wechseln. Aber vielleicht merkte ich ja nur nicht, wie sehr
ich in die alles besser zu wissen meinende Haltung von
uns Erwachsenen verstrickt war? Ich habe mir viele
Fragen gestellt, so auch die folgenden:

- Wieso nur fällt es mir gelegentlich so schwer, den
  Kindern die freie Wahl der Arbeit zu überlassen?
- Wie weit darf ich eingreifen?
- Wieso zuckt es immer wieder so in mir, wenn ich
  sehe, dass ein Kind bei einer Aufgabe mit dem Ma-
  thematik-Material einen Fehler macht?
- Inwieweit muss ich (ständig) auf den Lehrplan ach-
  ten?
- Behalte ich wirklich den Überblick, was die Kinder
  arbeiten – trotz meiner Aufzeichnungen?
- Kann ich empathisch und zugleich in Distanz beob-
  achten?
- Sehe ich jedes Kind – auch das stille?
- Darf ich Kindern Grenzen setzen, ist das »montes-
  sorianisch«?

Ich glaube, ich habe mich redlich damit abgemüht und wurde von Kolleginnen und Kollegen gut unterstützt, in vielen kleinen Schritten voranzukommen. Allmählich konnte ich bis tief in mich hinein zum montessoripädagogischen Weg, dem anderen Weg des Lernens und des Lehrens stehen. Es ist kein leicht zu gehender, aber letztlich ein erleichternder und sehr beglückender Weg.

Ich bin sehr froh darüber, dass ich mittlerweile seit vielen Jahren jüngere Pädagoginnen und Pädagogen auf diesem Weg begleiten kann. Unsere innere Haltung ist dabei die Essenz, so wichtig und manchmal geradezu genial die Materialien und die einzelnen Methodiken auch sein mögen. Aber sie bleiben hölzern, wenn sie nicht beseelt sind von innen her.

Das Kontrollbedürfnis von Erwachsenen gegenüber Kindern, das in unseren Schulen so besonders ausgeprägt ist – hat es nun mehr mit Stolz, Arroganz oder Zorn zu tun? Oder ist es erst eine Folge von alldem als geronnenes Gefühl, als Vermeidung von Gefühlsausbrüchen? Dann aber brodelt es permanent unter der ruhigen Oberfläche!

Ganz etwas anderes schlägt Maria Montessori vor: »Es ist von jeher bekannt, dass ein Erzieher *ruhig* sein soll. Dabei aber hat man immer mehr an eine Ruhe des Charakters, der nervösen Impulse gedacht, während es sich hier um eine Ruhe in einem viel tieferen Sinn handelt – um einen Zustand der Leere, besser gesagt, der geistigen Befreiung, der eine innere Klarheit zur Folge hat. Diese ›geistige Demut‹, die sich der geistigen Reinheit nähert, bereitet auf das Verstehen des Kindes vor und sollte daher die wesentliche Vorbereitung des Lehrers sein.«[26]

# Freiarbeit und Vorbereitete Umgebung

Meine erste Begegnung mit Freiarbeit hat mich fast »umgeworfen«, setzt Ingeborg ihren Bericht über die ersten Erfahrungen an der Montessori-Schule der Aktion Sonnenschein München fort. In meinen bis dahin mehr als zehn Berufsjahren hatte ich so etwas noch nicht erlebt.

Als ich damals zunächst als Fachlehrerin für Englisch begann, hospitierte ich während der ersten Woche bei meinen neuen Kolleginnen und Kollegen. Da saß ich nun in einer Grundschulklasse und staunte. Mich umhüllte eine fast meditative Stille, trotzdem herrschte ein buntes Bild vor.

Zwei Jungen hockten auf dem Teppich, hatten zwischen sich drei Holzbretter liegen mit Löchern darin sowie kleine Döschen und Röhrchen mit bunten Perlen. Sie legten diese andächtig in die kleinen Kuhlen auf den Brettern. Ein Aufgabenkärtchen sah ich neben ihnen: 31 426 : 312. Sie arbeiteten konzentriert an der »Großen Division«, wie mir später erklärt wurde. Ein dritter Junge saß dabei, er betrachtete kritisch die Lage, gab im Flüsterton einige Hinweise.

Zwei Mädchen – auch auf dem Teppich – sortierten blaue geometrische Körper aus einem Korb, stellten sie auf und ordneten ihnen Namenskarten zu: Zylinder, Kegel, Würfel. Sie schienen schon geübt in dieser Aufgabe zu sein und meisterten auch die Zuordnung der Kärtchen mit Angaben, wie viele und welche Flächen solch ein Körper hat.

Hinten im Eck an einem kleinen Tisch diktierte ein Junge einem anderen und einem Mädchen einen Text – im Flüsterton. Die beiden schrieben eifrig, fragten manchmal nach: »Wie war das noch?«

In der gemütlichen Sitzecke hockte ein Mädchen, das sich gerade ausruhte – ich habe nicht sehen können, von was. Ein Junge setzte sich zu ihr, zeigte ihr ein großformatiges Buch über »Tiere im Wasser«, sie schauten sich gemeinsam etwas davon an. Danach ging der Junge mit diesem Buch an einen Tisch und fing an zu schreiben. Wie ich später erfuhr, arbeitete er an einem Referat über Wale.

Ein anderes Mädchen hatte Wortkarten auf dem Teppich ausgebreitet: »Löwe«, »Haus«, »Mann«, »Kind«, und ordnete ihnen Symbole zu. Sie legte noch Kärtchen mit Artikeln dazu und dann noch solche mit Eigenschaftswörtern.

Ich staunte einfach, wie selbstverständlich sich die Kinder im Raum bewegten, sich Bücher und Materialien aus den Regalen holten und nach getaner Arbeit wieder wegräumten.

Wie wir in den vorhergehenden Kapiteln erklärt haben, ergibt sich aus dem Konzept des Kindes als Baumeister folgerichtig die grundlegende Bedeutung des Beobachtens. Die Erwachsenen treten zurück, überfallen das Kind nicht mit ihren vorgefertigten Ideen und Aufgaben, sondern lassen diesem seine eigene Aktivität.

So hat sich aus dem Konzept des Baumeisters logisch die hohe Bedeutung von Freiheit ergeben, die Montessori für die Kinder beansprucht. Kinder wollen arbeiten, ihre Arbeit ist es, sich und ihre Welt aufzubauen. Und damit sie das nach ihren inneren Potenzialen und entsprechend der jeweils aktuellen Entwicklungsphase tun können, brauchen sie möglichst viel Freiheit. Das ist der Kern des Konzepts der Freiarbeit.

Die Hauptaufgabe der Erwachsenen besteht darin, dem Kind die Materialien für diesen »Bau« zur Verfügung zu stellen. Das ist es, was Montessori unter den Begriff der »Vorbereiteten Umgebung« gefasst hat. Dazu gehört sehr wesentlich auch die innere Vorbereitung der Pädagoginnen und Pädagogen.

Freiarbeit und Vorbereitete Umgebung sind untrennbar miteinander verbunden. Sie bilden die zwei Seiten einer Medaille. Nur in einer sorgfältig Vorbereiteten Umgebung macht Freiarbeit wirklich Sinn. Kinder entwickeln sich nicht im luftleeren Raum. Und umgekehrt wird die beste Umgebung zur Farce, zum pädagogischen Schein, wenn dem Kind die Freiheit der Auswahl versagt wird.

Freiarbeit ist das Herzstück der Montessori-Praxis. Sie bedeutet:

- eigene Wahl der Arbeitsmittel und Materialien
- individueller Lern- und Arbeitsrhythmus
- individuelles Lerntempo
- frei gewählte Sozialform (Einzel-, Partner-, Gruppenarbeit)
- Dokumentation der geleisteten Arbeit (Tagebuch, Karteikarten) aufseiten der Kinder und der Pädagogen, um Überblick über den Lernfortschritt zu halten

Ziel der Freiarbeit ist selbstständiges, eigenverantwortliches Arbeiten und Lernen.

Wenn diese Form des Lernens sich an einer Schule seit Jahren eingespielt hat, lässt es Außenstehende wie gesagt oft staunen, zugleich wirkt es so leicht, so selbstverständlich. Wie viel an innerer und äußerer Arbeit aber dahintersteckt, wird sichtbar, sobald man so etwas selbst aufbaut. Auch das hat Ingeborg damals sehr deutlich erfahren:

Als ich nach wenigen Monaten an der Montessori-Schule die Leitung der 1. Klasse am gerade im Aufbau befindlichen integrativen Sekundarstufenzweig übernahm, spürte ich schmerzlich, dass Freiarbeit ohne Vorbereitete Umgebung nicht möglich ist. Ein leerer Raum, nur mit Bänken und Tischen eingerichtet: Was soll ein Kind, ein Jugendlicher da arbeiten, woraus soll er oder sie auswählen?

Grundvoraussetzung für selbstbestimmtes Lernen, so hatte ich im Montessori-Kurs erfahren, ist es, eine Vorbereitete Umgebung zu schaffen und diese kontinuierlich auf die Lebens- und Lernbedürfnisse der Kinder und Jugendlichen abzustimmen. Aber wie diese schönen Grundsätze in die Wirklichkeit umsetzen? Welche Materialien waren wichtig, auf welche konnte man eher verzichten? Die Kolleginnen und Kollegen hatten bis dahin nur Erfahrungen mit der Grundschulstufe, sie halfen mir aber nach Kräften, versorgten uns auch mit den wichtigsten Montessori-Materialien. Anderes, so wurde mir schnell klar, würden wir, soweit es das für die Sekundarstufe überhaupt gab, mit der Zeit dazukaufen können. Doch jetzt, ganz aktuell, musste etwas geschehen, damit die Kahlheit der Regale nicht auf die Atmosphäre insgesamt abfärbte.

So richtete ich beim ersten Elternabend einen dringlichen Appell an alle, und in den nächsten Tagen und

Wochen kamen Bücher kistenweise bei uns an! Ich stöberte durch die Münchener Buchhandlungen auf der Suche nach Sonderangeboten, vor allem nach Lexika und Bildbänden für Geografie, Geschichte, Biologie, Naturwissenschaften. Zusammen mit meiner Assistentin räumte ich an den Nachmittagen alles in die Regale. Wir ordneten es so an, dass es – zuerst einmal für uns – eine innere Logik hatte. Wie die sich durch die Benutzung der Kinder mit der Zeit dann änderte – das und vieles andere beobachteten wir in der Folgezeit. Es war eine faszinierende Aufbauphase!

Allmählich konnte ich konkrete eigene Erfahrungen mit so anspruchsvollen Sätzen wie den folgenden verbinden:

»Wir bereiten eine Umgebung vor, die reich an interessanten Aktivitätsmomenten ist. Wir eröffnen einen Arbeitsweg, der höhere Dinge aufweist als die, von denen man bis jetzt annahm, sie seien für dieses Alter genügend. Das Kind weiß nicht, wie es sich diese Umgebung schaffen soll. Nur der Erwachsene kann es tun, und das ist die einzige tatsächliche Hilfe, die man dem Kind geben kann.«[27]

Oder: »Das Montessori-Haus ist die ruhige und gesunde Umgebung, in der sich die latenten Energien des Kindes auswirken können. Die Umgebung wird von der Lehrerin mit Sorgfalt und mit wachsamer und abwartender Seele vorbereitet.«[28]

Die wachsame und abwartende Seele, das war und ist ein hohes Ziel – doch ohne Unruhe und Nervosität wohl nicht zu erreichen.

Es gibt noch so manche andere Klippen in diesem Zusammenhang. Freiarbeit ist eine große Chance für Kinder und Jugendliche und zugleich eine enorme Herausforderung für Eltern und Lehrer. Was geschieht, wenn Kinder die Freiheit, die ihnen »zugedacht« wurde, so nicht wahrnehmen? Wenn sie testen, provozieren, es wissen wollen, ob sie wirklich mit ihrem Eigenen akzeptiert werden? Wenn sie die verborgenen Schwachstellen der Erwachsenen mit feiner Nase aufspüren? Wenn sie Ehrlichkeit und Authentizität einfordern, ohne das aber so sagen zu können? Wenn sie Schule und Elternhaus gegeneinander ausspielen oder deren geheime Vorbehalte ausleben?

Hierzu eine weitere Erfahrung von Ingeborg:

Martina hatte die dramatische, über Jahre gehende Trennung ihrer Eltern miterleben müssen. Sie wurde wie ein Spielball von einem Pol zum anderen geworfen, sank in ihren schulischen Leistungen immer mehr ab, zerstritt sich mit allen Freundinnen, schwankte schon mit ihren neun, zehn Jahren zwischen Fressattacken und Essensverweigerung hin und her. Der Vater ließ sich kaum noch blicken. Als die Mutter nach langem gerichtlichen Streit das alleinige Sorgerecht erhielt, dachte sie, das Schlimmste sei überwunden, Martina könne sich stabilisieren. Nur die richtige Schule müsse noch her, eine Schule, wo individuell auf das Kind eingegangen würde – die Montessori-Schule!

Als Martina nach Weihnachten zu uns in die 5. Jahrgangsstufe kam, war die Mutter außerordentlich froh und dankbar, dass sie diesen Platz hatte erkämpfen können. Sie versprach jede Mitarbeit. Doch Martina? Bei der Vorstellung und der Hospitation hatte sie sich recht freundlich gezeigt, aber jetzt, als alles positiv entschieden war und der Alltag an der Montessori-Schule begann, saß sie finster und abweisend da, beteiligte sich nicht an den Kreisgesprächen am Morgen, zeigte nichts von sich, nahm kaum Kontakt auf. In den Phasen der Freiarbeit schaute sie lediglich zu, was die anderen Kinder machten, rührte aber selbst kein Material an und arbeitete auch nichts Schriftliches an Programmen. Als Dokumentation ins Tagebuch schrieb sie Tag für Tag: »Nichts gemacht!«

In vielen Gesprächen, zum Teil am Telefon, besprach ich mich mit der Mutter. Wir entschlossen uns, auf Druck zu verzichten, und ich versprach ihr, Martina genau zu beobachten und das auch für mich zu dokumentieren. Das alles bedeutete eine große Herausforderung für uns! Schließlich waren wir ja keine therapeutische Einrichtung, sondern trotz aller Unterschiede zum öffentlichen System ein Ort des schulischen Lernens.

Es nahte die Zeit der Zeugnisse, der Informationen zum Entwicklungs- und Lernprozess (IzEL), die bis Mitte Februar gemeinsam von Kindern und Erwachsenen zu erarbeiten waren. Martina fragte mich, was sie schreiben und ankreuzen sollte. Ich sagte ihr, dass sie es so machen solle, wie es wirklich war. »Da kann ich ja nur das schreiben, was ich *nicht* gemacht habe!« »So ist es,« war meine Antwort.

Nach den kleinen Zeugnisferien schien Martina sehr verändert. Sie kam lächelnd in die Klasse, nahm Kontakt auf, ging dann zielstrebig zum Regal und holte sich von dort das gelbe Geometrie-Flächen-Material. Sie bearbeitete die Auftragskarten: Namen der Flächen, Merkmale, Umfangsberechnung, Flächenberechnung. Es wirkte, als wäre sie mit diesem Material schon oft umgegangen, so sicher war sie in der Handhabung. Die Aufgaben löste sie mit links.

Auf die Frage, wieso sie das alles so leicht konnte, antwortete sie lächelnd: »Ich habe doch zugeschaut, wie andere Kinder das bearbeitet haben.«

Es wurde in der nächsten Zeit deutlich, dass sie in der Phase des »Nichtstuns« alles aufgesaugt hatte, was die anderen Kinder machten. Es war offenbar wichtig für sie gewesen, dass kein Druck auf sie ausgeübt wurde und sie nach freier, eigener Entscheidung zu arbeiten beginnen konnte. Und dann hat sie ihre Entscheidung getroffen, aus der Isolation herauszutreten. Sie begann zu begreifen, dass sie selbst die Verantwortung für ihr Lernen hatte und dass sie niemand anderes beschuldigen konnte, wenn sie nichts lernte. Hier konnte sie ihr Leben aktiv gestalten. Dem Scheidungsdrama dagegen war sie passiv ausgeliefert gewesen.

Die Klassenkameradinnen und -kameraden staunten über Martina und fragten sie, wie sie denn alles so hatte aufnehmen können. »Ich habe euch heimlich beobachtet, wie und was ihr gearbeitet habt. Das mit den Materialien hat es mir am meisten angetan. Das war so konkret. Und da brauchte es kein Reden.«

In der Folgezeit ist Martina ihren Weg gegangen.

Jürgen kommentiert dieses Beispiel wie folgt:

Vorher hieß es: »Schließlich waren wir ja keine therapeutische Einrichtung.« Das möchte ich nochmals hervorheben: Schule ist nicht Therapie. So beeindruckende Entwicklungen wie die von Martina zeigen vielmehr, was im pädagogischen Raum der Schule möglich ist, wenn nur die Umgebung entsprechend eingerichtet ist. Dazu meinen wir beide allerdings, dass Vorbereitete Umgebung mehr ist als nur die Gestaltung des Klassenraums und die Bereitstellung von Materialien. Zu ihr gehört ganz entscheidend auch die innere Vorbereitung der Pädagoginnen und Pädagogen. Und die gute Zusammenarbeit mit dem Elternhaus ist wichtig. Dann können solche verzweifelten Rückzüge, solche Provokationen und Verweigerungen in der ganz normalen Schulsituation getragen und ertragen werden. Andernfalls, und das ist leider landauf, landab der Fall, verfestigen sie sich nur immer mehr. Das muss nicht sein. Kinder brauchen Freiheit und auf sie vorbereitete Umgebungen.

# Faszination Montessori-Material

»Wie sollen denn da die Kinder etwas Vernünftiges lernen, hier sind ja lauter Spielsachen im Regal!«

Diese kritische Äußerung stammt von einem Vater, der die Montessori-Schule in Wertingen besuchte, um herauszufinden, ob sie für seinen Sohn geeignet sei. Er hatte das Montessori-Material gemeint – und es für Spielzeug gehalten.

Stellen wir folgendes Zitat dagegen:

»Das Montessori-Material entspricht in seiner Klarheit, Strukturiertheit und Sachlogik den sensitiven Entwicklungsphasen des Kindes. Diese günstigen Lernzeiten für bestimmte Tätigkeiten, Fähigkeiten, Haltungen und Einstellungen können mit Hilfe des Entwicklungsmaterials optimal genutzt werden.«[29]

Würde man dieses Zitat einem suchenden Vater unvorbereitet entgegenhalten, klänge es vermutlich ziemlich besserwisserisch. Oder es könnte den Eindruck erwecken, hier sollte das Montessori-Material sozusagen für heilig, für unantastbar erklärt werden. So etwas kommt manchmal vor.

Maria Montessori ging davon aus, dass Kinder leichter und tiefer lernen, wenn ihre Sinne geschult sind. Deshalb entwickelte sie aus den Entwürfen der bereits zitierten französischen Ärzte und Pädagogen Itard und Séguin das Sinnesmaterial für kleine Kinder. Hier sind Gegenstände nach bestimmten Eigenschaften geordnet wie Farbe, Form, Maße, Größe, Gewicht, Klang, Geruch, Oberfläche, Wärmeeindruck. Sie sprechen das Kind unmittelbar an. Zugleich eröffnen die von den Erwachsenen dafür vorgeführten Umgangsweisen dem

Kind hochinteressante Felder des Operierens, des Kennenlernens der Logiken hinter den dinglichen Gegebenheiten (schwer – leicht, groß – klein und so weiter).

Maria Montessori hat dies prägnant so ausgedrückt:

»Unter diesem Gesichtspunkt ist das Sinnesmaterial sicherlich als ›materialisierte Abstraktion‹ zu betrachten. Es zeigt ›Farbe‹, ›Dimension‹, ›Duft‹, ›Geräusch‹ greifbar, unterschieden und in Abstufungen geordnet; dies ermöglicht eine Klassifizierung und Analyse der Eigenschaften.«[30] Kinder lernen auf diesem Wege Vergleichen, Unterscheiden, Herstellen von Paaren oder von Kontrasten und machen Erfahrungen mit Ordnen oder Messen von Werten.

Der soeben verwendete Ausdruck »materialisierte Abstraktion« beschreibt in konzentrierter Form, dass es mit dem Material um weit mehr geht als um das bloße Hantieren mit interessanten Gegenständen. Dingliches und Abstraktion durchdringen sich – und das wird dabei ganz selbstverständlich vom Kind selbst entdeckt! Dieses Eintauchen in hinter den Dingen liegende geistige Welten erweckt höchste Faszination schon bei kleinen Kindern. Die Materialien sind deshalb für Montessori der »Schlüssel zur Welt«.

Spannend ist, wie Maria Montessori und später auch ihr Sohn Mario durch unentwegtes Ausprobieren mit Kindern herausfinden konnten, welches Material für Kinder von ganz besonderem Anreiz auf diesen Entdeckungsreisen in die große, fremde Welt hinein ist. Außer dem bereits angesprochenen Sinnesmaterial haben Maria und Mario Montessori Übungen des täglichen Lebens entwickelt sowie Materialien für die Bereiche Mathematik und Sprache.

»In den ersten Lebensjahren haben Kinder einen großen natürlichen Bewegungsdrang: Sie wollen ihren Körper im Raum bewegen, mit den Dingen ihrer Umgebung vertraut werden und sinnvolle Tätigkeiten ausführen. Sie stehen in einer sensitiven Phase der Entwicklung von präzisen Bewegungsabläufen.«[31]

Die Materialien, die Maria Montessori für diese Übungen des praktischen Lebens auswählte, entstammen zum Teil dem Familienhaushalt, müssen allerdings in Größe und Form den kindlichen Bedürfnissen entsprechen. Zum Beispiel bietet das Umfüllen von Flüssigkeiten eine Fülle von hoch attraktiven Erfahrungsmöglichkeiten. Durch solche Übungen eröffnen sich dem Kind zunehmend Felder der Unabhängigkeit von den Erwachsenen und damit Möglichkeiten zur Entwicklung von Selbstvertrauen und Verantwortungsbewusstsein.

»Das mathematische Material Montessoris entspricht den sensomotorischen Bedürfnissen des Kindes. Der Umgang mit diesem Material hilft dem Kind zu faszinierenden Entdeckungen und ermöglicht zugleich eine exakte Einführung in die Mathematik. (...) Lange Übungsphasen ermöglichen es ihm, selbständig zu abstrahieren und die gewonnenen Einsichten anzuwenden. Mit dem konkreten Material können auch jüngere Kinder Aufgaben lösen, die auf den ersten Blick als schwer erscheinen.«[32]

Das Goldene Perlenmaterial zum Beispiel gibt dem Kind klare Vorstellungen vom Einer als Punkt (eine Perle), dem Zehner als Linie (zehn Perlen), dem Hunderter als Quadrat von zehn (hundert Perlen) und dem Tausender als Kubus von zehn (tausend Perlen).

Im sprachlichen Bereich verfügt die Montessori-

Pädagogik über eine Vielzahl von Materialien, die ein tieferes Eindringen in das Wesen von Sprache ermöglichen und damit einen Grundstock bilden helfen, um das Schreiben und Lesen zu erlernen. Darauf bauen weitere Materialien auf bis hin zur Untersuchung der Wortarten und – in der Satzanalyse – dem Ermitteln der Funktion eines Wortes im Satz.

Konkrete Beispiele, wie Kinder in der Grund- und Sekundarstufe mit solchen Materialien umgegangen sind, finden sich an verschiedenen Stellen dieses Buches. Sehr bewegend zeigte sich das auch bei einem Jungen aus einer von Ingeborgs Klassen, den wir hier Pedro nennen wollen.

Pedro stammte von den Philippinen. Er hatte seine Eltern unter ungeklärten Verhältnissen verloren und lebte in einem Heim, als seine späteren Adoptiveltern ihn dort »zufällig« kennenlernten. Er trug nur ein zerknittertes Foto seiner Mutter bei sich. Er öffnete das Herz der deutschen Besucher, und sie setzten alles daran, ihn zu sich holen zu können. Pedro war zu diesem Zeitpunkt elf Jahre alt. Er hatte in den folgenden Monaten große Schwierigkeiten, sich in der neuen Umgebung einzugewöhnen. Das geordnete Leben machte ihm Schwierigkeiten. Er sah nicht recht ein, pünktlich und jeden Tag in die Schule gehen zu müssen. Dort kam er trotz offensichtlicher Intelligenz nur schlecht mit und fiel sehr durch seine »Unangepasstheit« auf. Er hatte viele Fähigkeiten, kannte den Lauf der Sterne, konnte sich schnell orientieren und gut organisieren, aber schulisches Lernen war ihm verhasst. Die staatliche Schule sei schließlich nicht mit ihm »fertig geworden«. So suchten die Eltern die Montessori-Schule auf. Es wurde eine Woche Hospitation vereinbart.

Im Sitzkreis erzählte Pedro von seiner Heimat, er sprach schon recht flüssig Deutsch, allerdings mit starkem Akzent. Er berichtete so spannend und lebendig, dass er schnell Freunde gewann. Auf die Frage, wer denn Pedro ein wenig einführen möchte, meldeten sich spontan viele Kinder, Jungen wie Mädchen.

Den Zuschlag erhielt Torsten, ein hellblonder, groß gewachsener Junge, der gerade am Wortartenmaterial arbeitete. Sofort setzte sich Pedro zu ihm auf den Teppich, und sie legten Substantive, Adjektive, Verben und andere Wortarten mit den zugehörigen Symbolen in lange Reihen. Nach einiger Zeit bat Pedro um kleine Zettel, er wollte die Wörter auch auf Spanisch mit in die Reihe legen. Er war begeistert von dem Material, das es ihm ermöglichte, Verbindungen in seine Heimat zu ziehen und zugleich neue deutsche Wörter kennenzulernen.

Über dieses Sprachmaterial und viele weitere Materialien fand Pedro den Zugang zum Lernen, der ihm bis dahin versagt geblieben war. Für ihn waren sie der beste »Schlüssel zum Lernen«, und sie verhalfen ihm dazu, seine hohe Intelligenz auch in der Schule zum Tragen zu bringen – und nicht nur bei seinen eigenwilligen (oft nächtlichen) Exkursionen in Welten außerhalb der geordneten Verhältnisse, in denen er sich offensichtlich gefangen fühlte. Ganz besonders während der Hospitationswoche, doch auch später immer wieder waren es gerade die Montessori-Materialien, die ihm neue Welten eröffneten oder die ihn eigene Verbindungen zwischen den verschiedenen Welten seines Lebens ziehen ließen.

# Stille in einer lauten Zeit

»Diese Stille war eine Offenbarung. Ich hätte doch nie gedacht, dass Kinder diese geheimnisvolle einfache Sache, welche die Stille ist, derart lieben würden.«[33]

*Maria Montessori*

Stille, Lautlosigkeit, Ruhe, Versenkung – Maria Montessori beschrieb dies verschiedentlich als natürliches Bedürfnis von Kindern und Jugendlichen. Wir in der Schule können dies auch heute beobachten.

Doch vielen Kindern und Jugendlichen fällt es zunehmend schwerer, sich zu vertiefen, sich zu finden, sich zu spüren, sich auf eine Sache zu konzentrieren. Das ist nicht verwunderlich in einer unruhigen Zeit mit vielen Ablenkungen.

Maria Montessori schrieb: »Die Stille ist also eine positive Eroberung, die durch Erkenntnis und Übung erreicht werden soll.«[34] Diese »Eroberung der Stille« wollen wir den Kindern und Jugendlichen durch regelmäßige Stille-Übungen am Morgen ermöglichen, ein Ritual, das Kinder brauchen. Je nach Altersstufe können diese Übungen freie oder gelenkte Fantasiereisen sein, es kann das Hören meditativer Musik sein oder es sind Körperübungen aus dem Schauspielbereich, dem Tai-Chi, dem Yoga oder dem Qigong.

Und das soll Schule sein?

Wenn Kinder diese Übungen erst einmal kennengelernt haben, wollen sie nicht mehr darauf verzichten. Sie sagen: »Das ist super!«

Vor den Prüfungen für den qualifizierenden Hauptschulabschluss oder den mittleren Bildungsabschluss haben mich Jugendliche oft gefragt, ob ich mit ihnen noch vorher am Morgen eine solche Übung machen könnte. »Danach fühle ich mich gut – da kann ich mich besser konzentrieren!«

Nicht in der Montessori-Weiterbildung, nicht im schulischen Alltag, nicht bei Vorträgen oder bei Gesprächen in der Kollegenschaft bin ich aber auf dieses Thema aufmerksam geworden. Nur ganz am Rande hatte ich im Kopf: Maria Montessori hat etwas über Stille-Übungen gesagt.

Richtig bewusst geworden ist mir die Bedeutung von Stille ganz woanders: in den Kursen des chinesischen Meisters Zhi Chang Li über »Stilles Qigong«. Diese Energiearbeit erfolgt nicht durch Bewegung, sondern ausschließlich in der Vorstellung. Mit großem Erstaunen, auch mit anfänglichem Widerstand, dann mit zunehmender Begeisterung habe ich diesen Weg erfahren. So kam ich auf die Idee, davon etwas an meine Schülerinnen und Schüler weiterzugeben. Die Resonanz war so positiv, dass Stilleübungen zu einem festen Bestandteil des Tages wurden. Auch in meine Montessori-Kurse bringe ich diese Erfahrungen seit Langem ein.

Welche Bedeutung dieses Thema der Stille für Maria Montessori hatte, habe ich in vollem Umfang erst bei den Arbeiten an diesem Buch erfahren. Der Umgang mit Stille war ein fester Bestandteil ihrer Pädagogik, und sie hat dazu sehr differenzierte Anleitungen für die Praxis gegeben.[35] Dabei geht es um ein absichtsloses und selbsttätiges Schweigen und nicht um das Erreichen vorgegebener Ziele. »Das Schweigen gilt Montessori als eines der beiden Konstitutiva menschlicher Existenz – die freie Aktivität und die freie Enthaltung der Aktivität.«[36]

Wenn Jürgen über Stille in der Beratung nachdenkt, kommen ihm folgende Gedanken:

Für das, was ich an der Beratungsstelle »mache«, ist »Beratung« eigentlich ein irreführendes Wort. Es gibt allerdings kein besseres. Es legt nahe, dass hier »Rat gegeben« wird. Das kommt durchaus vor, ist aber nicht das Wesentliche. Oft sind Menschen schon längst mürbe von all den »Rat-Schlägen«, die sie erhalten oder ausgeteilt haben. Sie erwarten sich vielleicht den »Super-Ratschlag«, wissen aber meist, dass es den nicht geben kann. Stattdessen lasse ich mir von ihnen in Ruhe berichten, frage nach, gebe vielleicht an einer Stelle einen tastenden Kommentar, lasse in mir Gedanken kommen, erzähle eventuell davon, thematisiere Stimmungen, Konflikte, Erwartungen. Wir begeben uns gemeinsam auf die Suche. Wir wollen erst einmal besser verstehen.

Nicht selten höre ich dann in der zweiten oder dritten Stunde: »Was Sie uns letztes Mal gesagt haben, das hat total gestimmt, das hat uns enorm geholfen.« Ich frage nach, was es denn war, und höre zu meiner Überraschung oft einen Satz, an den ich mich überhaupt nicht erinnern kann. Der soll von mir stammen? Ich lasse es so stehen. Mein Eindruck aber ist: Er stammt in dieser Form weder von mir noch von meinem Gegenüber. Vielmehr ist es eine Einsicht, die zwischen uns entstanden war. Oder sie hat sich erst später in den Köpfen der »Ratsuchenden« gebildet – in der Zwischenzeit.

Dieses »Zwischen«, so erfahre ich immer wieder, ist außerordentlich wichtig bei uns Menschen – und meist sehr verborgen. Aber es ist der Bereich, wo es zu wirklich neuen Einsichten kommt und auf deren Basis zu

Auswegen aus den Sackgassen. Dabei ist eines unerlässlich: Stille.

In Beratungen und Therapien, wie ich sie prakti-
ziere, sind das keine Stille-Übungen im oben beschrie-
benen Sinne. Vielmehr handelt es sich meist um bloße
Momente des Schweigens, des Innehaltens, des Nach-
sinnens, des Kommenlassens. Das ist keine angespannt
nach Lösungen suchende, keine vibrierende Stille. Sie
ist Loslassen von Absichten. Das hat einen Anklang
von Meditation, selbst wenn die Worte vielleicht wei-
terlaufen. Es ist eine Stille, in der aus Reden Gespräch
wird. Nicht vorgefertigte Gedankengebilde werden hin
und her geworfen, sondern Einsichten bekommen die
Chance, auftauchen zu können: Ablösen von Verkrus-
tetem, Offenwerden für Neues, Räume zwischen Alltag, Psychologie und Spirituellem.

Stille, aus der wir leben.

# Die Arbeit des Kindes

Maria Montessori hat einem Thema größte Bedeutung beigemessen, das uns heute im Zusammenhang mit kleinen Kindern wohl nie einfallen würde. Sie hat hier mit Bedacht von »lavoro« gesprochen, von »Arbeit«. Dabei ging sie von Beobachtungen aus, die wir auch heute noch tagtäglich an Kindern machen können, wenn wir nur mit Abstand hinschauen.

Ein Beispiel:

Wenn mein Tisch schmutzig und voll von Brotkrümeln ist, wische ich, die erwachsene Ingeborg, ihn mit einem Lappen ab, damit er wieder sauber ist. Wie oft habe ich in Kinderhäusern und in der Grundstufe aber etwas beobachtet, das dem nur äußerlich glich:

Rita, eine Erstklässlerin, geht an das Regal neben der Spüle, holt sich eine Schüssel, einen Lappen, Spülmittel und ein kleines Handtuch. Sie füllt Wasser in die Schüssel, gibt Spülmittel dazu, taucht den Lappen hinein und trägt alles auf ihren Tisch, an dem sie vorher saß. Mit dem sehr nassen Lappen wischt sie andachtsvoll die Tischplatte ab. Dann holt sie das trockene Handtuch und fährt damit in großen Bewegungen mit beiden Händen äußerst kräftig über die Tischplatte. Sie prüft, ob der Tisch trocken ist. Jetzt – so denken wir Erwachsenen – ist die Arbeit zu Ende. Falsch gedacht! Rita taucht den Lappen erneut in die Schüssel mit Wasser, wischt den Tisch gründlich ab und wiederholt diese Tätigkeit fünfmal. Dann nimmt sie Handtuch und ausgewrungenen Lappen weg, schüttet die Schüssel aus, trocknet sie sorgfältig und stellt sie ins Regal, räumt das Spülmittel weg, guckt fröhlich um sich, wirkt zufrieden und sucht sich eine neue Tätigkeit.

»Ist das wirklich so?« Oder: »Was soll der Blick auf solch banale, alltägliche Tätigkeiten? Es ist doch bekannt, dass kleinere Kinder gerne im Haushalt helfen!«

Gerade darum ging es aber nicht bei dem, was Rita machte. Vielmehr entsprach das einer Erkenntnis, die Maria Montessori in ihren intensiven Beobachtungen – zunächst zu ihrem eigenen größten Erstaunen – herausgefunden hat: Das Kind arbeitet, es *will* arbeiten, aber in besonderer Weise, in seiner eigenen Weise und nicht nach der Art der Erwachsenen.

»Arbeitet ein Kind, so tut es dies nicht, um ein äußeres Ziel zu erreichen. Sein Ziel ist das Arbeiten, und wenn es bei der Wiederholung einer Übung seiner eigenen Tätigkeit ein Ende setzt, so hat das Ende nichts mit den äußeren Handlungen zu tun. (...) Das Kind ermüdet nicht bei der Arbeit; es wächst an der Arbeit, und die Arbeit erhöht seine Energie.«[37]

Maria Montessori hat herausgefunden, dass das Kind eine »ihm anvertraute, geheime Aufgabe« zu erfüllen hat: »Dem Kind kommt die Stellung eines wirklich Schaffenden vor allem deshalb zu, weil es sein Ziel, die Bildung des Menschen, nicht durch bloßes Ruhen und Nachdenken erreicht. Nein, seine Arbeit ist Aktivität, ist fortgesetztes Schöpfertum.«[38]

Ist aber das, was sich bei Rita beobachten ließ, denn wirklich »Arbeit« zu nennen, ist es nicht vielmehr Spiel?

Edward M. Standing, ein Wegbegleiter Montessoris, hat deutlich auf die heftige Auseinandersetzung vor allem in Deutschland hingewiesen, bei der es um dieses Thema ging: Spiel oder Arbeit des Kindes? Er schrieb:

»Für gewöhnlich sehen wir im Spiel den spontanen Ausdruck der kindlichen Persönlichkeit, in der Arbeit aber eine Pflicht, zu der man die Kinder nötigen muss.«[39] Dieser Gegensatz aber entspreche nicht der kindlichen Wirklichkeit, vielmehr durchdringen sich hier Spiel und Arbeit:

»Maria Montessori sieht in der Arbeit des Kindes ein freies Erproben seiner geistig-schöpferischen Möglichkeit und ein inneres Wachsen an den Dingen und durch die Dinge; sie legt ihr also Wesenszüge bei, die man bislang vorwiegend dem Spiel zuerkannte. Andererseits bedeutet für das Kind echtes spontanes Spielen stärkste innere Bindung und intensive, ernsthafte Betätigung, wie sie ähnlich bei einer frei gewählten, selbsttätigen, konzentrierten Arbeit des Kindes am Montessori-Material auftreten.«[40]

Standing erklärte mit einer Begebenheit in der Casa dei bambini in Rom 1907, warum Montessori den Begriff »Arbeit« vorgezogen hat. Reiche Römerinnen hatten der Casa teures Spielzeug geschenkt, kostbar gekleidete Puppen, ein Puppenhaus, eine Puppenküche und Puppengeschirr. Da die Kinder nicht von sich aus danach griffen, zeigte Maria Montessori ihnen, wie man damit spielen konnte. Anfangs bewiesen sie kurzzeitig Interesse, wandten sich dann aber wieder ab.

»So gelangte sie zu einer ihrer entscheidenden Entdeckungen – dass nämlich Kinder lieber ›arbeiten‹ als ›spielen‹, was die wenigsten Menschen wissen und was jedermann zunächst unglaubwürdig findet.«[41]

Wichtig war Maria Montessori, dass diese Tätigkeit des Kindes, die sie »lavoro« nannte, gleich bedeutend und gleich wichtig ist wie die Arbeit der Erwachsenen – aber zugleich grundverschieden. Sie schrieb:

»Die Arbeitsbegeisterung ist für die gesamte Entwicklung des Kindes von größter Bedeutung; aber sie kann nur in der Umgebung entstehen, die den Bedürfnissen des Kindes entspricht, und nur bei einer Haltung des Lehrers, die helfend und nicht lehrend ist und die nur durch ein langes Studium erworben werden kann.«[42]

In der Casa dei bambini hat Maria Montessori 1907 eine weitere aufregende Entdeckung gemacht. Sie beobachtete ein Mädchen von etwa drei Jahren, das, wie sie festgehalten hat, »tief versunken war in eine Übung mit den kleinen Holzzylindern, die es aus den Vertiefungen des Holzblocks herausnahm und dann wieder an ihren richtigen Platz brachte. Der Ausdruck des Kindes zeugte von einer so intensiven Aufmerksamkeit, dass es für mich eine Offenbarung war: Bis dahin hatten die Kinder noch nie eine derartige Stetigkeit der Aufmerksamkeit auf einen Gegenstand gezeigt, und infolge meiner Überzeugung von der charakteristischen Unstetigkeit der Aufmerksamkeit des kleinen Kindes, das ruhelos von einer Sache zur andern eilt, frappierte mich dieses Phänomen noch mehr. Ich beobachtete die Kleine mit Spannung, ohne sie zu stören, und begann zu zählen, wie oft sie die Übung wiederholte; als ich aber sah, dass sie sehr lange bei der Arbeit verharrte, hob ich das Sesselchen, auf dem sie saß, mitsamt dem Kinde auf den Tisch; die Kleine ergriff in Eile den Holzblock, stellte ihn auf die Armlehnen des kleinen Sessels, nahm die kleinen Zylinder auf den Schoß und fuhr in ihrer Arbeit fort. Da forderte ich alle Kinder auf, zu singen; sie taten es, aber jene Kleine fuhr unentwegt mit der Wiederholung der Übung fort, auch als der kurze Gesang zu Ende war. Ich zählte 44 Wiederholungen; und als sie endlich aufhörte, tat sie das ganz unabhängig von den Ablenkungen um sie her, die sie hätten stören können, und blickte glücklich umher, als ob sie von erquickendem Schlaf erwacht wäre.«[43]

Maria Montessori bezeichnete dieses hier so eindrücklich zur Entdeckung gekommene Phänomen einer tief versunkenen Konzentration auf eine bestimmte Beschäftigung mit dem Begriff »Polarisation der Aufmerksamkeit«: Die Wahrnehmung geht nicht mehr in die verschiedensten Richtungen zugleich, sondern nur noch auf die gewählte Tätigkeit. Montessori sah hierin einen Vorgang außerordentlicher Bedeutung:

»Und jedes Mal, wenn eine solche Polarisation der Aufmerksamkeit stattfand, fing das Kind an, sich vollständig zu verändern, ruhiger, man könnte fast sagen, intelligenter und mitteilsamer zu werden. (...) Hatte einmal das Phänomen der Polarisation der Aufmerksamkeit stattgefunden, dann schien alles, was von Unordnung und Unbeständigkeit in der Seele des Kindes existierte, sich in einer inneren Schöpfung zu organisieren, deren überraschende Merkmale sich in jedem einzelnen Kinde wiederholten. Man musste dabei an das menschliche Leben denken, das sich in einem untergeordneten chaotischen Zustand auf viele Dinge zersplittern kann, bis eine besondere Sache es bannt. Dann gewinnt der Mensch die Offenbarung seiner selbst und fühlt, dass er anfängt, wirklich zu leben. Dieses geistige Phänomen, das die ganze Seele des Erwachsenen in sich einschließen kann, ist also nur eine der ständigen Begleiterscheinungen beim Erwachen des inneren Lebens. Wo es sich zeigt, da bedeutet es das normale Einsetzen des Innenlebens des Kindes. (...) So kam es, dass die Kinderseele sich selbst offenbarte, und von diesen Offenbarungen geleitet, entstand eine Methode, bei der die geistige Freiheit in den Vordergrund trat.«[44]

Wir bemerken hier, welch tiefe philosophische Bedeutung dieses Phänomen der Polarisation der Aufmerksamkeit und generell die freie Tätigkeit des Kindes für Montessori gewonnen hat. Hier sah sie einen Schlüssel zur Seele des Kindes und des Menschen überhaupt. Es geht also um viel mehr als nur um ein pädagogisches Konzept, das sich nützlich in Methodik umsetzen lässt. Immer wieder ermahnte sie die Erwachsenen, das Kind darin nie zu stören, sondern zu bedenken, dass gerade in diesen Zuständen äußerst wichtige Prozesse ablaufen, die dem Aufbau seiner Persönlichkeit dienen.

Dieses Phänomen der Polarisation der Aufmerksamkeit lässt sich oft beobachten in allen Stufen der Montessori-Schule. Es ist ein beglückender Anblick.

# Kosmische Erziehung

Lange Zeit führte das Thema »Kosmische Erziehung«, das Maria Montessori mit großem Nachdruck vertreten hat, eher ein Schattendasein in der Montessori-Pädagogik in Europa. Das Hauptaugenmerk richtete sich auf das Material, auf Freiarbeit und Vorbereitete Umgebung, auf Fragen der Schulnoten oder der verpflichtenden Hausaufgaben und ähnliche »praktische« Thematiken. »Kosmische Erziehung« dagegen klang angestaubt und etwas nach »Spinnerei«. Das hat sich in den letzten Jahren sehr verändert.

Renilde Montessori, die Enkelin Maria Montessoris, hat den Weitblick ihrer Großmutter für die kosmische Dimension auf dem Internationalen Montessori-Kongress 1993 in Rom hervorgehoben:

»Maria Montessoris Sicht der Erziehung als Hilfe zu leben ist breit und umspannt viele Dimensionen. Es erscheint schwer, ihren ganzen Umfang zu erfassen, vor allem deshalb, weil das didaktische Material und die methodischen Anweisungen so attraktiv und erfolgreich sind, dass sie viele Menschen verblenden und dass diese die ganze Welt ihrer pädagogischen, psychologischen und philosophischen Lehre nicht mehr sehen und erkennen können oder wollen.«[45]

Maria Montessori hat einen außerordentlichen Weitblick bewiesen, was ihre Einschätzung unserer Zivilisation und der damit zusammenhängenden Position und Aufgabenstellung des Menschen angeht. Sie rühmte die großartigen technischen Fortschritte und hervorragenden kulturellen Leistungen in den vergangenen Jahrhunderten, wies zugleich aber auf die tiefe Kluft zwischen dem äußeren technischen Fortschritt und der inneren Entwicklung des Menschen hin. Ihrer Meinung nach sind den Menschen ihre eigenen Errungenschaften entglitten. »Er ist orientierungslos und besitzt keine Kontrolle über seine eigene Schöpfung.«[46]

Wie kann dies wieder verändert werden?

Hierin sah Maria Montessori die Aufgabe der Erziehung. Schon im Jahre 1935 sprach sie auf einem Kongress in London über die »Kosmische Aufgabe« des Menschen, das Werk der Schöpfung fortzusetzen und nicht in egoistischer Ausbeutung zu handeln.

In ihrem Buch *Kosmische Erziehung* hat sie diese Gedanken später genauer ausgeführt. Darin heißt es: »Das Geheimnis der Erziehung ist, das Göttliche im Menschen zu erkennen und zu beobachten, d.h. das Göttliche im Menschen zu kennen, zu lieben und ihm zu dienen; zu helfen und mitzuarbeiten von der Position des Geschöpfes und nicht der des Schöpfers.«[47]

Speziell für die Erziehung der Kinder und Jugendlichen entwickelte Montessori die »Kosmische Erziehung« und richtete an sie und die Erwachsenen einen bewegenden Appell »zum Gehorsam gegenüber den Kosmischen Gesetzen«[48]. Das ist in einer damals sicherlich nicht vorstellbaren Weise auch heute noch aktuell.

In Indien sagte sie 1945: »Um eine Vorstellung davon zu geben, was wir unter ›Kosmischer Erziehung‹ verstehen, muss kurz der Hintergrund dieser Frage berührt werden, d.h. die ›Kosmische Theorie‹. Die erkennt in der ganzen Schöpfung einen einheitlichen Plan, von dem nicht nur die verschiedenen Formen der Lebewesen, sondern auch die Entwicklung der Erde selbst abhängt.«[49]

Daraus folgte: »Ein universales Bewusstsein«[50] solle in dem dafür besonders geeigneten Alter von sechs bis zwölf Jahren geweckt und gefördert werden, ein Bewusstsein für gemeinsame Verantwortlichkeit, da »jeder Mensch von anderen abhängig ist und jeder zur Existenz aller beitragen muss«[51].

Beim Erforschen der Welt solle an den Schulen vom Ganzen, vom Universellen ausgegangen werden, um so die Erde, die Sonne, das Wasser, die Luft in den Brennpunkt der Aufmerksamkeit für die Kinder und Jugendlichen zu rücken. Darin liegt ein breiter Fächer von Themen, die das gesamte Leben und Lernen in den Schulen umspannen.

Montessori stellte sich das vor allem in zwei Richtungen vor:

»In dem universalen Lehrplan, in welchem die neuen Generationen sich all die Einzelheiten der Bildung aneignen müssen, müssen diese als verschiedene Aspekte des Wissens von der Welt und vom Kosmos verbunden werden. Astronomie, Geographie, Geologie, Biologie, Physik, Chemie sind nur Details eines Ganzen. Ihr Bezug untereinander ist das, was das Interesse von einem Zentrum bis zu seinen Ausläufern hin treibt. Daneben gibt es den anderen Part, der die Lenkung des Bewusstseins auf die Menschheit hin betrifft. Der kosmische Aufbau der menschlichen Gesellschaft muss das Zentrum des Studiums der Geschichte und der Soziologie werden.«[52]

Mittlerweile ist die »Kosmische Erziehung« wieder mehr in der aktuellen Diskussion angekommen. So bezeichnet Saskia Haspel in dem 2006 erschienenen Buch *Kosmische Erzählungen in der Montessori-Pädagogik*, herausgegeben von Ela Eckert und Ingeborg Waldschmidt, die Kosmische Erziehung als »das Fenster zur Welt«. Sie sagt: »In der Kosmischen Erziehung gilt, das Fenster zur Welt ganz weit zu öffnen. Das bedeutet in der Praxis: Kinder hinaus in die Welt, Welt herein in die Schule.«[53]

Um ein Beispiel zu geben:

Ein Projekt als Teil der Kosmischen Erziehung insgesamt war an der Montessori-Schule Wertingen das 1998 mit externen Fachleuten durchgeführte »Öko-Audit«. Es fand statt in Zusammenarbeit mit dem Staatsinstitut für Schulpädagogik und Bildungsforschung, München, und dem Institut für Management und Umwelt, Augsburg. Alle Schülerinnen und Schüler, viele Eltern und alle Lehrkräfte haben sich aktiv daran beteiligt.

Entscheidend war von vornherein der ganzheitliche Aspekt, also das Vorgehen in Verbindung von kognitivem, emotionalem und künstlerischem Bereich. Deshalb stand neben dem naturwissenschaftlichen und technischen Zugang zu Natur und Umwelt auch ein emotional-künstlerischer. Nur so lassen sich Sensibilität, Bewusstseinsveränderung und Aufmerken für Belange der Umwelt nachhaltig entwickeln.

Neben Gruppen, die den Verbrauch von Wasser, Strom und Papier gemessen haben, gab es auch kunstgestaltende Projekte, Meditationsgruppen und eine Theatergemeinschaft. So wurden aus Abfall »Müllmonster« gebaut, und die Theatergruppe entwickelte aus eigenen Ideen ein Stück, in dem es um den Kampf zwischen zwei Dörfern ging: »Müllfurth kontra Sauberhausen«.

Insgesamt galt es, beim Thema »Umwelt und Umwelterziehung« nicht ins Jammern zu verfallen, sondern die positive, hoffnungsvolle Grundhaltung Maria Montessoris aus ihrer Zeit konstruktiv ins Heute zu übertragen – auch in lustvollen Aktivitäten.

Eine bunte, vielfältige und informative Präsentation der Projektergebnisse im Schülerforum unter Anwesenheit der beiden Berater und der Patenfirmen schloss die Projektwoche ab. An einem Tag der offenen Tür sowie in der Schulzeitung und in der örtlichen Presse wurde eingehend berichtet. Kinder und Jugendliche standen Rede und Antwort. Sie haben viel dazugelernt – und die Erwachsenen erst recht. Das Projekt wirkt fort bis in heutige häusliche Diskussionen etwa über Energieverbrauch, so jedenfalls bei Ingeborg und Jürgen: »Denk an das Öko-Audit ...«

Wie schon von Montessori entworfen, umfasst die Kosmische Erziehung in einer heutigen Montessori-Schule sämtliche Bereiche des Erforschens der Welt, also der religiösen, sozialen, geschichtlichen, geografischen, biologischen, chemischen und physikalischen Zusammenhänge bei den Menschen, auf der Erde, im Kosmos.

In der Freiarbeit werden dazu von den Kindern und Jugendlichen Themen ausgewählt und selbstständig nach jeweiligem Vermögen und mithilfe der Pädagoginnen und Pädagogen in Form von Referaten bearbeitet. Diese werden dann der Gruppe im Kreis vorgestellt.

Entscheidend bei alldem ist, um es abschließend nochmals hervorzuheben, der ganzheitliche Zusammenhang, in den die einzelnen Erkenntnisse hineingestellt werden.

# Erziehung zum Frieden

In engem Zusammenhang mit dem schon früh formulierten Gedanken der kosmischen Verantwortung stand für Maria Montessori die Friedensarbeit. 1949, 1950 und 1951 wurde sie für den Friedensnobelpreis nominiert. Seit 1932 hat sie regelmäßig Vorträge über Frieden und Erziehung gehalten. Immer wieder appellierte sie an ihre Zuhörer: »Educate per la pace!« – »Erzieht für den Frieden!«

Friede war für Maria Montessori keine nur politische, völkerrechtliche Größe, sondern eine allumfassende kosmische Grundaufgabe. Er sei auch nicht allein durch das Aufhören von Kriegen erreicht, so wichtig das ist, sondern: »Der wahre Friede bedeutet Sieg der Gerechtigkeit und der Liebe unter den Menschen, bedeutet eine bessere Welt, in der Harmonie herrscht.«[54]

»Sieg der Liebe« klingt in manchen Ohren vielleicht pathetisch, aber der Blick auf das Du, auf das Anderssein des Du, darauf, sich in Liebe auf den anderen zu beziehen, Beziehung einzugehen – das ist die entscheidende Grundlage unseres menschlichen Zusammenlebens, auch wenn es immer wieder vergessen wird. Und für Gerechtigkeit sich einzusetzen, sei es an der Schule selber oder für die Welt insgesamt, sehen wir beide als ganz zentrales Thema in der Montessori-Pädagogik an.

Trotzdem: Worte wie »Sieg der Gerechtigkeit und der Liebe« erwecken leicht den Eindruck von grenzenloser Naivität. Es gibt viele solche Passagen bei Maria Montessori. Fehlte es ihr an Realismus? Ganz und gar nicht. War sie kindisch? Nun wirklich nicht. Aber sie schob das Kind nicht beiseite, im Gegenteil:

»Ohne das Kind, das ihm hilft, sich ständig zu erneuern, würde der Mensch degenerieren. Wenn der Erwachsene sich nicht um Erneuerung bemüht, bildet sich rings um seinen Geist ein harter Panzer, der ihn gefühllos werden lässt, und damit verliert er schließlich sogar sein Herz.«[55]

Wir leben in einer Welt, in der ständig diese Gefahr besteht. Das gilt auch in Zeiten, die das Glück haben, ohne Krieg zu sein, und sich deshalb Frieden nennen. Montessoris Blick ging noch darüber hinaus. Das mag zwar wenig realistisch wirken, wenn man die Inhalte der Nachrichtensendungen zum Maßstab macht. Aber es ist hochgradig realistisch, sobald wir ein wenig von den Potenzialen an Liebe, Gerechtigkeit, Frieden in jedem heranwachsenden Kind wahrnehmen – und von deren Resten in uns selber.

Maria Montessori glaubte daran, dass es eine neue Welt, eine friedliche Welt geben wird, wenn wir es schaffen, die Entwicklungsbedürfnisse der Kinder schon in der frühen Kindheit angemessen zu erfüllen. *Educazione per un mondo nuovo*, »Erziehung für eine neue Welt«, so heißt ein Buch von ihr in italienischer Ausgabe, das erstmals 1943 in Indien erschien, wo sie seit 1939 lebte, damals unter dem Titel *Education for a new world*.

Und so sehen wir auch heute an Montessori-Schulen Friedenserziehung geradezu als Grundprinzip, das wir im Umgang mit den Kindern, Jugendlichen und Erwachsenen in jeder Minute verwirklichen möchten. Die Persönlichkeitsentwicklung der uns anvertrauten Kinder und Jugendlichen und ihr Lernprozess im sozialen, emotionalen und kognitiven Bereich stehen bei diesem Vorgehen im Mittelpunkt.

Ganz konkret im Alltag ist es möglich, am friedvollen Miteinander zu arbeiten:

- durch den Verzicht auf die Überlegenheitsattitüde der Erwachsenen,
- durch Achtsamkeit im Reden und Handeln,
- durch empathisches Beobachten statt vorschnellem Urteilen,
- dadurch, dass man auf Augenhöhe ist, die Kinder und Jugendlichen ernst nimmt, ihnen zuhört, ihnen Verantwortung zutraut,
- durch Teilhabe der Schülerinnen und Schüler an der Schulentwicklung (unter anderem im Klassen- und Schülerrat),
- durch die Entwicklung einer Streit- beziehungsweise Konfliktkultur mit festgelegten Strukturen und Abläufen,
- durch regelmäßige und kontinuierliche Supervision für das pädagogische Team – nicht erst, wenn Schwierigkeiten sich festgefahren haben,
- durch Stille-Übungen, intensive Bindungserfahrungen, unter anderem bei den Kreisgesprächen, durch Einzelkontakte von Lehrkräften und Kindern, Streitschlichterausbildung, Gelegenheiten für Schule vor Ort (Praktika in Firmen), gemeinsame Spiele und Feste und viele weitere Aktivitäten.

Selbstverständlich haben auch die Erwachsenen viel zu lernen. Die Anforderungen der Kosmischen Erziehung und der Erziehung zum Frieden gelten auch für sie.

Diese gemeinsame Arbeit am Frieden ist nicht etwas Aufgesetztes, nicht ein spezielles Schulfach, sie begrenzt sich nicht auf eine besondere Aktion kurz vor den Sommerferien, vielmehr durchdringt sie alles. Sie steckt in der Art, wie mit dem Erfahren von Mathematik umgegangen wird, mit Lesen und Schreiben, darin, wie das Material herangezogen wird und wie Referate gemeinsam erarbeitet werden, wie Kinder ihren Stundenplan selbst gestalten und an den Zeugnissen mitwirken. Wenn im Schulalltag konsequent das Ernstnehmen von kleinen und großen Menschen gelebt wird, dann herrscht Frieden – was Konflikte natürlich überhaupt nicht ausschließt, ganz im Gegenteil.[56]

Viele »Kleinigkeiten« sind wahrzunehmen, miteinander zu besprechen, zu regeln, damit Sätze wie die folgenden, sie stammen von Saskia Haspel, wirklich ein ehrliches Fundament haben:

»Wenn Montessoris großes Ziel der Weltfrieden und die *nazione unica* waren, so hat sie deutlich darauf hingewiesen, dass dieses Ziel nur über Kosmische Erziehung erreichbar ist. Kinder, die Zusammenhänge durchschauen, die offen auf Neues und Fremdes zugehen, die die Bedeutung der Ordnung für den Fortbestand der Welt erkannt haben, die aus der eigenen Freude heraus und aus einem Gefühl der Geborgenheit in der großen Ordnung im Laufe der Zeit zunehmend Verantwortung für die Erhaltung dieser Ordnung übernehmen können und wollen, sind tatsächlich die Hoffnung für mehr Frieden auf dieser Welt.«[57]

Auf dem Grabstein Maria Montessoris in Noordwijk/ Niederlande steht:

»Io prego i cari bambini, che possono tutto, di unirsi a me per la costruzione della pace negli uomini e nel mondo.«

Ich bitte die lieben Kinder, die alles können, mit mir zusammen für den Aufbau des Friedens zwischen den Menschen und in der Welt zu arbeiten.

# Begabungen

Was sind die Begabungen eines Menschen? Wie entwickeln sie sich? Wie weit hängen sie in ihrer Ausformung von einer fördernden Umgebung ab? Oder setzen sie sich nicht manchmal auch gegen alle äußeren Widerstände durch? Wie stellen wir überhaupt Begabungen fest?

Psychologen mit ihren Tests, von denen häufig die endgültige Aussage darüber erwartet wird, wissen in Wirklichkeit um die Tücken und Fallstricke dieses Themas. »Intelligenz ist, was die Intelligenztests messen«, lautet ein geflügeltes Wort bei ihnen. Was aber die »echte Intelligenz« eines Menschen ist, darüber kann man sich den Kopf zerbrechen – und große Überraschungen erleben. Dabei ist die sogenannte Intelligenz nur *ein* Fähigkeitsbereich von vielen. Sie selber umfasst ein ganzes Bündel der verschiedensten Teilbegabungen und inzwischen erlangten Fertigkeiten, ist aber auch nur ein Ausschnitt aus all den Hunderten oder Tausenden von Einzelfähigkeiten des Menschen, die uns oft so selbstverständlich sind, dass wir sie gar nicht kennen, die aber im Falle von Schwächen zu großen Problemen führen können.

Wenn Begabungen nicht mit bloßer Intelligenz zusammenfallen, ihr Radius also viel weiter gefasst ist, dann lässt sich ihr Wirken auch in der Fähigkeit sehen,

- sich in der Klassengruppe wohlzufühlen,
- Kontakte zu knüpfen und zu halten,
- gezielte Fragen zu stellen,

- um Hilfe zu bitten,
- Hilfe anzunehmen,
- Bedürfnisse zu erkennen und zu leben,
- Kritik zu ertragen,
- Ausdauer zu haben,
- sich zu konzentrieren,
- Ziele zu haben und sie zu verfolgen,
- Interesse und Neugierde zu haben – Menschen und Sachinhalten gegenüber.

Das sind Begabungen, die in Verbindung mit Bedürfnissen, Interessen, Neigungen, förderlichen Erfahrungen, gelernten Einstellungen und Kenntnissen uns Menschen als soziale Wesen ausmachen.

Eine große Tücke des Umgangs mit Begabungen liegt in den bewussten und vor allem den eher unbewussten Erwartungen, die Eltern an ihre Kinder haben. Passen diese mit den grundsätzlich vorhandenen, aber noch nicht manifestierten Begabungen des Kindes einigermaßen zusammen, stehen die Lichter für eine günstige Entwicklung auf Grün. Was aber, wenn die Eltern dringend etwas erhoffen, das gerade dieses Kind mit seiner Ausstattung nun wirklich nicht erfüllen kann? Und wenn dies nicht klar erkennbar ist? Dann spielen sich unter Umständen Dramen ab, die das ganze Leben dieses Kindes, aber auch der Eltern schwer belasten.

Ein weiterer Fallstrick: Kinder vergleichen sich in ihrer sozialen Gruppe, also mit Geschwistern, Spielgefährten, Schulkameraden, Freundesclique. Sie registrieren äußerst feinfühlig, wo sie hier stehen. Fatal kann es werden, wenn sie merken, dass sie nicht so mithalten können, wie sie es eigentlich von ihren eigenen Erwartungen oder denen der Umgebung her möchten. Führt auch eine Verstärkung der Anstrengungen nicht zum gewünschten Erfolg, ziehen sie sich häufig zurück in die Haltung: »Dazu habe ich keine Lust, das ist langweilig.« Das sind dann zum Beispiel Kinder, die trotz offensichtlich guter Intelligenz schon in der 1. Klasse die Mitarbeit verweigern. So etwas führt immer wieder dazu, dass solche Kinder dann als »unmotiviert«, »faul«, »aufsässig«, schließlich als »verhaltensgestört« eingeschätzt werden. Das kann ihre ganze Schullaufbahn von früh an schwer belasten.

Würde man dagegen solchen Zuschreibungen mit Abstand begegnen, das Kind genauer beobachten, vielleicht auch zu einer psychologischen Untersuchung schicken, könnten sich beispielsweise Störungen der Feinmotorik oder der Auge-Hand-Koordination herausstellen, die wesentlich zu jenem Rückzug geführt haben. Das sind vergleichsweise kleine Probleme, die sich aber zu großen auswachsen, wenn niemand sie erkennt. Die Kinder nehmen dann das negative Bild der Erwachsenen in sich auf und entwickeln sich immer mehr in eine trotzige Haltung hinein: »Dann bin ich eben faul!«

Wir beide haben an der Schule und in der Beratungsstelle viele Erfahrungen mit den Ergebnissen solcher Entwicklungen gemacht, wie also aus zunächst kleinen, begrenzten Einschränkungen eine um sich greifende Verweigerung von Lernen und Leisten entstand und in den Familien und zwischen ihnen und den Schulen die Spannungen wuchsen und wuchsen.

Bei vielem, was in diesem Buch beschrieben wird, geht es demgegenüber darum, wie Kinder und Jugendliche zu dem Weg finden können, der ihrem inneren

Bauplan und darin eingeschlossen ihren Fähigkeiten entspricht.

Wenn wir Begabungen in einem breiteren Radius verstehen, dann muss das oft so schwierige Thema von Schwächen und Mängeln keine dermaßen erdrückende Rolle mehr spielen, wie das hierzulande immer noch häufig der Fall ist. Wir tun uns schwer mit Toleranz gegenüber Fehlern und Schwächen. Das aber ist völlig unrealistisch, denn wir alle sind Ansammlungen von Stärken und von Schwächen, von Begabungen und von Mängeln. Wieweit wir Letztere wahrnehmen, uns auf sie einrichten und freundlich mit ihnen umgehen, ist oft mindestens ebenso wichtig wie das Nutzen unserer Stärken.

Dazu ein Beispiel:

Ingeborg mit ihrer Schwäche in der räumlichen Orientierung (ihr Wohnort, das unbekannte Wesen) und Jürgen mit seinem Defizit an visueller Wahrnehmung (wer aus unserem Bekanntenkreis trägt eine Brille?) – ein schwaches Paar.

Umgekehrt Ingeborg mit ihrer hervorragenden visuellen Wahrnehmung (sie sah immer »alles« in ihrer Klasse und in der Schule) und Jürgen mit seiner guten räumlichen Orientierung (ohne Stadtplan quer durch Paris gefahren) – wunderbar.

Also: Begabungen sind dafür da, sie gemeinsam zu entwickeln und sie miteinander zu nutzen! Dann können auch eine Pädagogin und ein Psychologe zusammen ein Buch schreiben!

# Der kreative Prozess

An welche Menschen denken wir beim Wort »Kreativität«?

Zuallererst an Künstler, den begnadeten Maler oder Bildhauer, das Genie, an Picasso. Wir sehen Kunstwerke vor uns, die uns staunen lassen, denken an Ausstellungen, zu denen Menschen von weit her pilgern.

Als Zweites mag uns die Werbebranche einfallen. Schließlich werden die hier Tätigen aus Grafik und Design als »die Kreativen« bezeichnet.

Insgesamt bezieht sich der gängige Begriff von Kreativität sehr stark auf den Bereich der Künste und ihrer Anwendungen.

Ist das aber nicht sehr eingeengt, sehr einseitig? Liegt denn nicht die größte, die entscheidendste, die zentrale Kreativität darin, wie wir, jede und jeder Einzelne, unser Leben entwickeln?

Darüber denken wir eher zu wenig nach, auch bei unseren Kindern.

Das ist eine Kreativität nicht im Sinne außergewöhnlicher, »genialer« Begabung, sondern in Form der Gestaltung unseres Lebens und Zusammenlebens in unzählig vielen Schritten, im kontinuierlich kreativen Prozess. Hierbei geschieht nicht alles aus »eigener Größe«, wie der längst überholte Begriff des Genies es nahelegt, sondern im untrennbaren Ineinander von inneren und äußeren Faktoren, von Begabungen, Beziehungen, Unterstützungen, Austausch, Miteinander ...

Kreativ, das sind wir alle, und wir sind es noch mehr, wenn wir uns was trauen. Dabei tauchen Ängste und

Unsicherheiten auf. Das gehört untrennbar zur kreativen Entwicklung.

An dieser Stelle können wir etwas lernen von den Künstlern: Es ist bekannt von ihnen, es ist völlig typisch für sie und ihr Schaffen, dass sie immer wieder in Krisen, in Unsicherheiten fallen. Solche »depressiven Phasen« gehören zum kreativen Prozess einfach dazu. Wege ins Unbekannte sind nun mal mit Unsicherheit verbunden. Und jedes Leben ist ein Weg ins Unbekannte.

Damit haben wir als Eltern ebenso zu tun wie an der Schule und der Beratungsstelle.

Jürgen sieht sich in seiner Arbeit immer wieder als »Spezialist im Umgang mit Unsicherheiten«, denen der Ratsuchenden und den eigenen. Und dann plötzlich ist vielleicht doch die neue Einsicht da, nach der so lange vergeblich gesucht wurde, die veränderte Sicht auf die zuvor so verfahren wirkende Situation in der Familie oder im Kindergarten oder in der Schule.

Und wie oft habe ich (Ingeborg) es gehört in Worten oder Seufzern: »Jetzt ist alles aus! Ich weiß gar nichts mehr! Und überhaupt hat alles keinen Zweck! Es geht sowieso alles schief! Ich kann es ja doch nicht!«

Gerade in den Abschlussklassen der Sekundarstufe kommen solche Sätze vor. Sie können Ausdruck bereits verallgemeinerter Mutlosigkeit sein aufgrund schwieriger Vorerfahrungen. Sie können aber, und das wird oft übersehen, einfach nur ein unausweichliches Durchgangsphänomen bedeuten im Zuge des kreativen Prozesses. Dann ist es wichtig, dass dies Platz haben kann: einmal absacken können, depressiv auf Zeit sein, verzweifelt sein, Verzweiflung zeigen – und damit Gehör finden.

Während der intensiven Theaterarbeit, die wir in mehreren meiner Klassen entwickelten, zeigte sich das besonders typisch. Aber genau so, nur vielleicht schwerer erkennbar, kann es beim Ringen des einzelnen Kindes oder Jugendlichen mit dem Mathematik-Material oder beim selbst gewählten Geografiereferat sein. Oft ist ein solches Absacken unvermeidlich, wenn man vor neuen Entwicklungsschritten steht.

Als wichtig habe ich es dabei empfunden, diese Zeit als (vorübergehende) Phase zu erkennen und nicht einen endgültigen Zustand in ihr zu sehen. Solche Phasen sind notwendig, um Vertrautes abzusichern und Energien zu sammeln für eine Weiterentwicklung. Dann werden auch manche Hintergründe deutlich, die in einem Zusammenhang mit diesen Phasen stehen können, zum Beispiel Schwierigkeiten in Familie und Freundschaft, Pubertät, Auseinandersetzung mit eigenen Schwächen, Zukunftsängste ...

Aufgabe der Erwachsenen ist es, den Prozess Anteil nehmend zu beobachten und zu stützen, den Kindern und Jugendlichen viel Aufmerksamkeit und Geborgenheit zu geben. Damit helfen wir ihnen, diese schwierigen Phasen zu überwinden.

Danach – ein Aufatmen, eine glückliche Erleichterung in der Klassengruppe. Das ist ein herrliches Gefühl, das wiederum sehr viel an Kreativität und Energie freisetzt. Und es sind Erfahrungen, die in ähnlichen späteren Situationen als zuversichtliche Erwartung vorhanden sind: Es wird schon zu schaffen sein, ich werde meinen Weg finden.

Und was meinte Maria Montessori zu diesem Thema des kreativen Prozesses? Es gibt sogar ein Buch von ihr, das unter diesem Thema steht: *Das kreative Kind.*

Das gilt allerdings nur für die deutsche Übersetzung, in der italienischen wie der englischen Originalfassung kommt das Wort »kreativ« nicht vor (»La mente del bambino«, »The Absorbent Mind«). So wie in ihrer ganzen Lehre steht im Zentrum auch dieses Buches das Kind in der Entwicklung seines schöpferischen Prozesses, das Kind als Baumeister des Menschen, das diesen Prozess jedoch nicht »genial« allein aus sich selbst heraus geht, sondern im engen Zusammenspiel mit der Umgebung.

Es lohnt sich sehr, dieses Buch in die Hand zu nehmen und zu studieren. Es gibt Vorträge wieder, die Maria Montessori während ihrer Zeit in Indien gehalten hat, und ist beseelt von ihrer Suche nach Fortentwicklungen des Menschen, die endlich zum friedvollen Miteinander führen, zu einem Leben ohne Kriege. Als entscheidend dafür sieht sie Wege der Erziehung an, die anders sind als bisher, die sich nicht auf Wissensvermittlung fixieren, sondern auf den Menschen als Ganzen richten. Sehr plastisch kommt das etwa in diesem Zitat zum Ausdruck:

»Vor unseren Augen formte sich ein neues Bild; nicht das Bild einer Schule oder einer Erziehung. Es war der *Mensch*, der vor uns erstand. Der *Mensch* offenbarte seinen wahren Charakter in seiner freien Entwicklung; er bewies seine Größe, als kein geistiger Zwang sein inneres Wirken begrenzte und auf seiner Seele lastete.

Daher vertrete ich die Meinung, dass jede Erziehungsreform auf der Entwicklung der menschlichen Personalität basieren muss. Der Mensch selbst sollte Mittelpunkt der Erziehung werden. (...) Wir werden somit nicht mehr ein Kind vor uns haben, das als kraftloses Wesen betrachtet wird, so etwas wie ein leeres Gefäß, das mit unserem Wissen vollgestopft werden muss, sondern es zeigt sich vor uns in seiner Würde, indem wir in ihm den Schöpfer unserer Intelligenz erblicken, ein Wesen, das, geleitet von einem inneren Lehrmeister, voll Freude und Glück nach einem festen Programm unermüdlich an dem Aufbau dieses Wunders der Natur, dem Menschen, arbeitet. Wir Lehrer können nur zu dem bereits vollbrachten Werk helfen, so wie die Gehilfen ihrem Meister zur Hand gehen.«[58]

Wenn hier der Mensch sozusagen als Schöpfer seiner selbst hervorgehoben wird, so sollten wir dabei zugleich im Auge haben, dass Montessori niemals so vermessen war, den Menschen mit Gott gleichzusetzen, wie es gerade im 20. Jahrhundert der verhängnisvolle Traum zahlreicher politischer Machthaber und ihrer Ideengeber war. Hier blieb Montessori trotz aller manchmal überschießenden Begeisterung für den »neuen Menschen« realistisch auf dem Boden. Ihre religiöse und spirituelle Verbundenheit halfen ihr dabei.

# Leistung und Montessori-Pädagogik

Zum Thema »Leistung« gibt es in der Gesellschaft vielfältige und kontroverse Standpunkte. Was wir vertreten, ist ein möglichst ganzheitlicher Leistungsbegriff, der die Fixierung auf kurzfristig verwertbare Ergebnisse überwindet.

So wird Leistung im Montessori-Landesverband Bayern breiter definiert. Im gemeinsamen Schulkonzept für die zugehörigen Montessori-Schulen heißt es:

- »Leistung bezieht sich immer auf den einzelnen Menschen und muss die individuellen Gegebenheiten berücksichtigen.
- Leistung ist immer eingebettet in den Prozess der konkreten Arbeit und ist in Verbindung mit dem jeweiligen Entwicklungsstand zu sehen.
- Leistung kann sich nur entfalten, wenn Motivation und Lernbereitschaft gegeben oder erarbeitet sind.
- Leistung zählt nicht nur als Prozess und Ergebnis einer individuellen Arbeit, sondern auch als Prozess und Ergebnis einer Partner- oder Gruppenarbeit.
- Leistung erfährt eine wesentliche Vertiefung durch die emotionale Verbundenheit mit der Arbeit.
- Leistung wird nicht nur von außen, sondern in einem Prozess der Selbstkontrolle und Selbsteinschätzung von den Schülerinnen und Schülern selbst festgestellt und bewertet.
- Leistung braucht Sinngebung und Möglichkeit, Verantwortung zu übernehmen.«[59]

Montessori-Pädagogik und Leistung befinden sich ganz und gar nicht im Gegensatz. An Montessori-Schulen wird sehr viel geleistet, und dies sowohl in ganzheitlicher Hinsicht als auch mit Blick auf die staatlich vorgegebenen Forderungen für den qualifizierenden Hauptschulabschluss und die mittlere Reife. Dort schneiden Montessori-Schülerinnen und -Schüler in aller Regel ganz ausgezeichnet ab, manchmal sogar so gut, dass Vertreter des staatlichen Schulsystems schon in Verlegenheit gekommen sind.

Weil aber doch immer wieder skeptisch nachgefragt wird, ob an Montessori-Schulen denn »wirklich etwas geleistet« werde, hat die Montessori-Schule Wertingen vor einigen Jahren den Pädagogik-Professor an der Technischen Universität München, Andreas Schelten, zu dieser Thematik um eine Stellungnahme gebeten. Dieser stellte darin nicht irgendwelche alltagsfernen Leistungen in den Mittelpunkt, sondern betonte die *Kompetenzen*, die ein junger Mensch heute braucht, wenn er die Schule verlässt und entweder an weiterführende Schulen wechselt oder in eine Lehre geht.

1. Schelten nannte zuerst die *Methodenkompetenz*: Der oder die Jugendliche ist in der Lage, eigene Lösungswege zu finden, kreativ danach zu suchen und nicht nur den vorgegebenen Weg der Lehrkraft nachzuahmen.
Dazu eine Anmerkung von Ingeborg:
Ich habe Letzteres, das Nachahmen, selbst erlebt: In meinem Abitur erreichte ich in Mathematik eine Zwei, habe aber nur Lösungswege meiner Lehrer »nachgebetet«, ohne die Philosophie der Mathema-

tik verstanden zu haben. Das geschah erst viele Jahre später im Montessori-Ausbildungskurs mithilfe des Montessori-Materials.

Bereits in der Montessori-Grundstufe wird geübt, eigene Lösungen für Aufgabenstellungen zu finden – durch »Learning by Doing«. So gibt es in der Freiarbeit genug Möglichkeiten, sich Herausforderungen zu stellen, erst mit Material, dann auch an abstrakteren Aufgaben.

2. Als weitere Kompetenz hat Schelten die *Personalkompetenz* herausgestellt. Damit meinte er etwa folgende Befähigungen: Genauigkeit, Zuverlässigkeit, Pünktlichkeit, Selbstständigkeit, Selbstvertrauen, Persönlichkeitsentwicklung, Erkennen der eigenen Stärken und Schwächen.

Wie lassen sich diese Fähigkeiten erwerben? Indem Schülerinnen und Schüler sich selbst beobachten und ihre Arbeitsweise und den Leistungsprozess reflektieren und dokumentieren. Ein spannendes Feld sind hierzu an den Montessori-Schulen in Bayern die bereits erwähnten »Informationen zum Entwicklungs- und Lernprozess« (»IzEL«). Diese werden sowohl in Form pädagogischer Wortgutachten abgefasst als auch in kategorisierter Dokumentationsform. Beides erfolgt in einem intensiven Dialog mit den Schülerinnen und Schülern, wobei diese wie schon gesagt oft kritischer sich selbst gegenüber sind als die Lehrkräfte.

3. Als dritten Bereich nannte Schelten die *Sozialkompetenz*. Damit meinte er Kontakt-, Kommunikations- und Teamfähigkeit.

Hierzu eine weitere Anmerkung von Ingeborg: Diese Kompetenzen habe ich in der eigenen Schulzeit nicht gelernt. Wir mussten alles *allein* machen. Meine Freundin und ich wären zusammen ein tolles Team gewesen, denn sie konnte das, was mir nicht lag, und umgekehrt. Also haben wir heimlich unter der Bank miteinander gearbeitet. Auch im Studium und in der Seminarausbildung war Teamwork nicht erwünscht. Jeder Lehrer, jede Lehrerin sollte alles allein schaffen – das war das hohe Ziel. Und das wirkt in vielen Schulen bis heute.

Schelten fasste seine Stellungnahme so zusammen:

»Montessori-Schüler erfahren in Bezug auf die Anforderungen der heutigen Berufswelt eine moderne Bildung. Methodenkompetenz, Personalkompetenz und Sozialkompetenz sind in der gegenwärtigen Arbeitswelt im Zuge eines schnelleren ökonomisch-technischen Wandels mit wachsender Rate der Veränderung des Wissens besonders gefordert. Diese Kompetenzen dürften bei Montessori-Schülern besonders angebahnt werden. Montessori-Schüler sind auf selbstgesteuerte Lernformen, die sie gerade in der beruflichen Aus- und Weiterbildung und im lebensbegleitenden Lernen erwarten, gut vorbereitet. Die moderne berufliche Bildung kann heute aus der Montessori-Pädagogik viele Anregungen entnehmen.«[60]

Wie können Montessori-Schulen den Kindern und Jugendlichen besonders gut dabei zur Seite stehen, diese Kompetenzen zu entwickeln?

- Einmal dadurch, dass sie die intrinsische, die von innen kommende Motivation der Schülerinnen und Schüler beachten,
- außerdem durch die empathische Beobachtung der

Kinder und ihrer Grundbedürfnisse, ihres Entwicklungsstands, ihrer individuellen Situation,

- sowie durch das Schaffen einer angemessenen Vorbereiteten Umgebung (Material und Bücher, Haltung der Pädagoginnen und Pädagogen als Prozessbegleiter).
- Übungsfelder zum Erreichen der Kompetenzen sind besonders die Phasen der Freiarbeit, die Arbeit an den IzEL, die Praktika »Schule vor Ort« (5.–10. Klasse) und die Große Arbeit nach Maria Montessori in der 8./9. Klasse (vgl. Kapitel »Wege in die Berufswelt«, Seite 176 f.).

Soeben haben wir kurz von Grundbedürfnissen gesprochen. Dazu hat der argentinische Arzt und Pädagoge Professor Carlos Wernicke wiederholt an deutschen Montessori-Schulen Vorträge und Seminare gegeben. Gerade im Zusammenhang mit der Leistungsthematik ist es gut, Sätze wie die folgenden im Kopf zu haben:

»So führt die Untersättigung der Grundbedürfnisse zur Erhöhung der Angst/Spannung; der Kreis Untersättigung von Grundbedürfnissen/Angst/Spannung ist in jeder Pathologie anwesend. Man kann davon ableiten, dass jede erzieherische und therapeutische Annäherung mit der Sättigung der in diesem Individuum, in diesem Augenblick, zu diesem Grad untersättigten Grundbedürfnisse anfangen muss, damit die Angst/Spannung herabgesetzt werden kann und der Schüler/Patient fähiger wird, die Außeninformation und die innerlichen Wechselbeziehungen aufzunehmen und zu erarbeiten.«[61]

Wir unterschreiben in diesem Sinne voll die Aussage

von Professor Luis Erler von der Universität Bamberg, die dieser 1997 bei der Eröffnung der Wiesbadener Montessori-Schule unter dem Thema »Sinn und Wert einer Montessori-Schule« machte:

»Lernen ohne Druck, aber mit Freude an der Leistung.«[62]

# Montessori und die neuere Hirnforschung

Wir sind überzeugt: Würde Maria Montessori heute leben, sie wäre äußerst angetan von der neueren Hirnforschung.

Etwa seit Beginn der 90er-Jahre des 20. Jahrhunderts hat sich in der Erforschung des Gehirns geradezu eine Revolution vollzogen. Sogenannte bildgebende Verfahren waren die Grundlage. Mit ihnen lässt sich der Weg eines Impulses durch das Gehirn in einer Feinheit verfolgen, wie das zuvor nicht möglich war. Wir können dem Gehirn bei seiner Arbeit zuschauen.

Zahlreiche Lehrmeinungen wurden zum »alten Hut«. Zu ihnen gehörte ganz besonders die jahrzehntelang vertretene Auffassung vom ständigen Verlust an Hirnleistung wegen des lebenslänglichen Abbaus von Nervenzellen. Nicht deren Zahl aber ist, wie jetzt erkannt wurde, das Entscheidende, viel wesentlicher sind die Verknüpfungen zwischen ihnen. Ob sich diese aber bilden und ob sie aufrechterhalten werden, hängt von ihrer Nutzung ab. Sie können in bestimmten Teilen des Gehirns im Laufe des Lebens und auch in höherem Alter sogar neu entstehen! Was heißt das anderes, als dass unseren Aktivitäten und Erfahrungen dabei die Schlüsselrolle zukommt!

Und es ist nicht das Gehirn allein, das in seinem Funktionieren derart von der konkreten Geschichte eines Individuums bestimmt ist, sondern eng verbunden damit ebenso das Hormonsystem und – man staune – selbst das Wirken unserer Gene. Diese treten oft erst dann in Erscheinung, wenn sie durch bestimmte Botenstoffe – Hormone – »eingeschaltet« werden. Das wiederum ist keineswegs zwangsläufig der Fall, sondern hängt von der Einschätzung der gegenwärtigen Situation ab und wie diese vor dem Hintergrund letztlich der gesamten persönlichen Geschichte beurteilt wird.[63]

Wir sind nicht die Marionetten an den Fäden einer ein für alle Mal festgelegten Maschine namens Gehirn. Vielmehr ist dieses gerade beim Menschen dadurch gekennzeichnet, dass es auf der Grundlage angeborener anatomischer Strukturen eine ungeheure Plastizität der möglichen Entwicklungen in sich trägt. Unser Gehirn übertrifft bei Weitem selbst hoch entwickelte Computer, die doch immer nur nach vorgegebenen Programmen funktionieren. Das menschliche Gehirn dagegen verfügt über die Möglichkeit zu »programmöffnenden Konstruktionen«[64], also zu völlig neuen Programmierungen.

Der bekannte Hirnforscher Gerald Hüther hat es prägnant so ausgedrückt: »Und da die Art und die Intensität der Nutzung des Gehirns darüber entscheidet, wie viele Verschaltungen sich zwischen den Milliarden von Nervenzellen ausbilden, welche Verschaltungsmuster dort stabilisiert werden können und wie komplex diese neuronalen Verschaltungen sich miteinander verbinden, trifft man mit der Entscheidung, wie und wofür man sein Gehirn benutzen will, immer auch eine Entscheidung darüber, was für ein Gehirn man bekommt.«[65]

Das sind Sätze, die in der Sprache der heutigen Hirnforschung genau auf der Linie dessen liegen, was Maria Montessori zum Kind als Baumeister des Menschen hervorgehoben hat. Das haben wir bereits näher dargestellt. Hier ziehen wir folgende Aussage von Maria Montessori heran:

»Aber der Mensch ist zu allem fähig, und in seiner anscheinenden Untätigkeit bereitet sich die wunderbare Überraschung der Individualität vor. Seine unartikulierte Stimme wird eines Tages Worte von sich geben, und noch wissen wir nicht, welches seine Sprache sein wird. Er wird die Sprache sprechen, die er von seiner Umwelt aufmerksam aufgenommen hat, er wird mit unvorstellbarer Anstrengung Töne, dann Silben und schließlich Wörter formen. Er wird kraft seines Willens alle diejenigen Funktionen in sich aufbauen, die seinen Beziehungen zur Umwelt dienen, und damit Schöpfer eines völlig neuen Wesens werden.«[66]

Gerald Hüther sprach etwas salopp davon, man sei selbst verantwortlich dafür, was für ein Gehirn man bekomme. Gemeint ist damit genau dasselbe, was Montessori hier gesagt hat: Wir sind »Schöpfer eines völlig neuen Wesens« – Schöpfer von uns selber. Die Umwelt ist dabei äußerst wichtig, aber sie ist nicht das bestimmende Prinzip. Dieses liegt vielmehr im sich entwickelnden Wesen selbst.[67]

Auch in weiteren Punkten finden sich frappierende Übereinstimmungen:

- Maria Montessori sagt, das Kind nehme »von allem Anfang gierig, ja geradezu unersättlich Bilder in sich auf«[68], und der Hirnforscher Manfred Spitzer stellt fest: »Unsere Gehirne sind äußerst effektive *Informationsstaubsauger*, die gar nicht anders können, als alles Wichtige um uns herum in sich aufzunehmen.«[69] Was aber ist das anderes als Lernen?

- Wenn die Hirnforscher auf das Thema »Lernen« zu sprechen kommen, betonen sie sofort, dass dies weit über das hinausgeht, was wir üblicherweise damit bezeichnen, also herkömmliches schulisches Lernen, zugespitzt: Vokabellernen. Manfred Spitzer drückt es deutlich aus: »Die meisten Menschen verbinden *Lernen* mit Schule, ›Büffeln‹ und ›Pauken‹, mit Schweiß und Frust, schlechten Noten und anstrengenden Prüfungen. Machen wir uns nichts vor: Lernen hat ein negatives Image. Es wird als unangenehm angesehen. Wenn man lernt, muss man sich dafür hinterher belohnen (Motto: für jede Vokabel ein Stück Schokolade), und wenn man Freizeit hat, dann lernt man nicht. (...) Dieser Stand der Dinge entspricht nicht der menschlichen Natur. Im Gegenteil: Wenn man irgendeine Aktivität nennen sollte, für die der Mensch optimiert ist, so wie der Albatros zum Fliegen oder der Gepard zum Rennen, dann ist es beim Menschen das Lernen.«[70] Das sind Sätze, die genau so von Montessori stammen könnten.

- Beide heben mit je ihren Worten hervor, dass die entscheidenden Motivationen von innen kommen. »Menschen sind von Natur aus motiviert, sie können gar nicht anders, denn sie haben ein äußerst effektives System hierfür im Gehirn eingebaut. Dieses System ist immer in Aktion, man kann es gar nicht abschalten, es sei denn, man legt sich schlafen. Die Frage danach, wie man Menschen motiviert, ist daher etwa so sinnvoll wie die Frage: ›Wie erzeugt man Hunger?‹«[71] So drückt es Manfred Spitzer aus.

- Beide Seiten sprechen mit großem Nachdruck die oft unheilvollen Einwirkungen der Erwachsenen an, die ein kreatives Lernen der Kinder erschweren. Spitzers folgende Äußerung würde von Montessori sofort unterschrieben: »Wenn wir wollen, dass unsere Kinder künftig Probleme lösen können, dann brauchen wir eine positive Lernumgebung in den Schulen.«[72]

- Von beiden, Hirnforschern wie Montessori, wird geradezu Alarm geschlagen. So bringen die heutigen Forscher wieder und wieder ihre Sorge zum Ausdruck, dass wir Menschen weit hinter den Möglichkeiten zurückbleiben. Nicht nur hinter denen, die wir eigentlich hätten, sondern auch hinter den in unserer heutigen Lebenssituation dringend erforderlichen. Das betrifft unsere Einstellung zum anderen Menschen, unsere Vorstellungen von der richtigen Erziehung unserer Kinder, unseren Umgang mit Konflikten, kurzum unseren Kampf, die Möglichkeiten unseres Gehirns nur ja nicht zu nutzen und mit aller Macht dafür zu sorgen, dass dies für andere auch so bleibt. Spitzer: »Nur allmählich wird es vielleicht Zeit, dass wir uns entschließen, nun auch erwachsen zu werden.«[73]

- Ebenso finden sich hinsichtlich der Wirkungen bestimmter Formen von Angst deutliche Übereinstimmungen. So kam Spitzer zu folgenden Schlüssen, die auch von Montessori stammen könnten: »Große Angst bewirkt zwar rasches Lernen, ist jedoch kognitiven Prozessen insgesamt nicht förderlich und *verhindert* zudem genau das, was beim Lernen erreicht werden soll: Es geht nicht um ein einzelnes Faktum, sondern um die *Verknüpfung* des neu zu Lernenden mit bereits bekannten Inhalten und um die *Anwendung* des Gelernten auf viele Situationen und Beispiele.«[74] Die große Gefahr, wie Gerald Hüther es formuliert hat, liegt darin, dass Menschen »irgendwann in ihrem Leben eine ganz bestimmte Strategie zur Bewältigung ihrer Ängste und zur Aufrechterhaltung ihrer inneren Ordnung gefunden haben und diese einmal gefundene Strategie anschließend immer wieder zwanghaft in der gleichen Weise einsetzen, weil sie glauben, dass sich damit alle anderen Probleme ebenfalls lösen lassen. Die dabei in ihrem Hirn aktivierten Verschaltungen werden so immer effizienter verknüpft und gebahnt, bis aus den anfänglichen kleinen ›Nervenwegen‹ allmählich feste Straßen und schließlich sogar breite ›Autobahnen‹ entstanden sind. (...) Sie scheitern aber meist kläglich, sobald sich die Verhältnisse ändern.« Hüther nennt ein solches immer nur auf denselben eingefahrenen Wegen genutztes Hirn drastisch »eine Kümmerversion dessen, was daraus hätte werden können«[75].

- Und dann gibt es noch ein weiteres Gebiet, wo sich moderne Hirnforschung und Montessoris Pädagogik berühren: im Thema »Liebe«. Das würde man vermutlich nicht erwarten. Maria Montessori spricht oft und unter verschiedenen Aspekten davon.[76] Und Gerald Hüther, der Neurowissenschaftler, hat ein ganzes Buch dazu geschrieben. Dort finden sich Sätze wie diese: »Nur so konnten wir werden, was wir bis heute noch immer sind: keine von irgendwelchen Genen auf Konkurrenz und Selbstbehauptung programmierten Roboter, sondern Kinder der Liebe.«[77] Der Mensch als Monade, als weitgehend in sich abgeschlossenes System, das nur notgedrungen mit anderen interagiert, diese

Vorstellung wird in den Neurowissenschaften nicht mehr geteilt. Stattdessen heißt es in einem sehr lesenswerten Buch von Joachim Bauer: »Bei anderen Resonanz zu finden, anderen selbst Resonanz zu geben und zu sehen, dass sie ihnen etwas bedeutet, ist ein biologisches Grundbedürfnis – jedenfalls lässt sich das für höhere Lebewesen nachweisen. Unser Gehirn ist (...) neurobiologisch auf gute soziale Beziehungen geeicht.«[78] »Zumindest für den Menschen gilt: Nicht dass wir um jeden Preis überleben, sondern dass wir andere finden, die unsere Gefühle und Sehnsüchte binden und spiegelnd erwidern können, ist das Geheimnis des Lebens.«[79]

Das alles aber ist nur dann möglich, wenn wir in Bedingungen leben, die uns vor entsprechende Aufgaben stellen, die unsere Suche nach neuen Lösungen befördern, statt auf der Einhaltung alter Wege zu bestehen. Unser Gehirn braucht volle 20 Prozent unserer Energie[80] – wollen wir das verpuffen lassen? Wie viel Hirnentwicklung unserer Kinder wollen wir? Und in welche Richtung? Mit welcher Vielfalt der Angebote?

Manfred Spitzer sagt: »Die Welt, in die die meisten Menschen hineinwachsen, ist eine mit den Maßstäben von vorangegangenen Generationen mehr oder weniger bewusst gestaltete Welt.«[81] Das spricht die große Verantwortung von Eltern und Pädagogen an, aber auch die der Gesellschaft insgesamt.

# Motivation oder: Vom eigenen Willen des Menschen

Beginnen wir mit einer lange zurückliegenden, aber unvergesslichen Erfahrung aus der psychologischen Arbeit von Jürgen in der Ambulanz des Kinderzentrums München.

Viele Familien mit behinderten Kindern kamen von weit her. So war es auch mit dieser Familie. Beide Eltern waren äußerst erfolgreich in ihren Berufen, und wahrscheinlich fiel es ihnen auch von daher noch schwerer als anderen, mit der Körperbehinderung ihrer gut zwei Jahre alten Tochter zurechtzukommen. Die Eltern waren eine ziemliche Herausforderung für alle beteiligten Fachkräfte. Mit all unserer Fachlichkeit und mit viel Geduld versuchten wir ihnen zu helfen, soweit es nun einmal möglich war.

Unser nicht ganz einfaches Beratungsgespräch war eigentlich zu Ende, wir standen schon in der Tür, das Kind war auf dem Arm, es wurde unruhig, man ließ es herunter, dann an mich die Frage: »Herr Doktor, was können wir tun, um Marina zu aktivieren?« Ich mühte mich um Antworten, stotterte irgendwas herum, wie sollte ich Kluges sagen, wo es eigentlich nichts zu tun, sondern nur zu hoffen gab? Die Augen meiner Gegenüber strahlten wenig Resonanz aus. Schließlich Händeschütteln zum Abschied.

Doch nun: Wo um Himmels willen war Marina? Nicht im Zimmer, nicht im Vorraum, nicht auf dem langen Korridor. Sie war weg! Das körperbehinderte Kind, das nicht laufen konnte! Was war passiert?! Fieberhaft suchten wir nach ihr. Dann entdeckten wir sie im Zimmer einer Ärztin. Marina hatte mindestens fünf Meter auf dem Korridor krabbelnd überwunden, dann den dortigen Vorraum und war offensichtlich schnurstracks auf die Kiste mit Bauklötzen zugesteuert, mit denen sie sich jetzt seelenruhig beschäftigte. Marina, das Kind, das es nach Sicht der Eltern eigentlich zu aktivieren galt!

Ich konnte mich des Satzes nicht enthalten, bemühte mich nur, ihn möglichst ohne Beschämung herüberzubringen: »Meinen Sie wirklich noch, dass Marina aktiviert werden muss?«

Eigene Motivation ist oft noch wichtiger als Begabung und erst recht ausschlaggebender als sogenannte Fremdmotivation, die in Wirklichkeit der Versuch ist, von außen her die Motivation eines Menschen zu bestimmen, sie in den Griff zu bekommen, zu manipulieren. Das führt oft unnötig zu Qual und Frust. Dagegen aus eigenem Antrieb zu handeln, ist befriedigend und kann sehr schnell zu Erfolgen führen. Diese wiederum erzeugen neue Eigenmotivation – ein wichtiger Zusammenhang.

Man spricht hier auch von intrinsischer (innerer) und extrinsischer (äußerer) Motivation. Eigentlich ist das aber eine etwas schiefe Begrifflichkeit. Genau betrachtet, kann Motivation doch immer nur von innen kommen, äußere Faktoren (Belohnungen, Strafdrohungen ...) setzen da nur an, machen sich die inneren Bedürfnisse oder Ängste zunutze. Anders ist es, Anregungen zu geben, Angebote zu machen, wie es zentral zum Montessori-Weg gehört.

Ingeborg hat dazu unzählige Erfahrungen:

In der 8. Klasse kam ein Schüler von der staatlichen Schule in meine Klasse, bei dem mir in meinen Beobachtungen auffiel, dass etwas nicht stimmen konnte. Ich schaute genauer hin. Dann fragte ich ihn im Zweiergespräch: »Sag mal, du kannst doch überhaupt nicht lesen, oder?«

Seine Antwort war: »Glückwunsch, das hat vor Ihnen noch niemand gemerkt!«

Und dann erklärte er mir: »Ach, wissen Sie, ich hab mich immer so durchgemogelt, es hat eigentlich nie einer richtig gemerkt, dass ich nicht lesen kann, ich hab mir vieles zusammengereimt.«

Meine Antwort war: »Na, dann mogle dich mal schön weiter durch!« Da musste er lachen. »Oder willst du doch noch lesen lernen?« »Das möchte ich mir noch mal überlegen.« »Okay.«

Am nächsten Tag kam er zu mir und sagte: »Ich will lesen lernen!« Wir besprachen das Verfahren – gemeinsam. Wir kamen überein, dass er jeden Tag mit einer Assistentin zehn Minuten in der Freiarbeit lesen würde.

Die Verabredung durchzuhalten war mühsam, für die Assistentin und für ihn. Aber er verließ unsere Schule mit dem Hauptschulabschluss – und konnte lesen.

Auch hier also hat sich gezeigt: Je mehr es gelingt, dass die Kinder und Jugendlichen sich an der Erarbeitung und Durchführung von Lernstrukturen beteiligen, desto mehr sind sie motiviert zu lernen und desto größer ist ihr Lernerfolg.

Wieso ist das so?

Kinder wollen lernen. Kinder wollen sich entwickeln. Aber sie wollen *ihren* Weg gehen, nicht nur den von noch so wohlmeinenden Erwachsenen.

Hier kommt, wie wir schon näher dargelegt haben, ganz entscheidend Maria Montessoris Konzept vom Kind als Baumeister des Menschen ins Spiel. Es braucht zwar unbedingt »Stoff« aus der Umgebung, aber der Plan für das, was es daraus baut, liegt in ihm selber. Und sein ganzes Streben geht dahin, sich gemäß dieses Planes entwickeln zu können. Dafür überwindet es die größten Hindernisse. Und hier liegt das höchste Glück, die entscheidende Motivation.

»Der Ausgangspunkt des Kindes ist das Nichts; es ist ein aktives Wesen, das ganz allein vorwärtsschreitet. Die Mitte, um die seine sensitive Periode ihre innere Wirkung entfaltet, ist die Vernunft. Das vernünftige Denken keimt und entfaltet sich in ihm als eine natürliche schöpferische Funktion, es wächst und nährt sich von den Sinneseindrücken, die es der Umwelt entnimmt.

Hier ist die unwiderstehliche Kraft, die ursprüngliche Energie des Kindes. Bilder ordnen sich sogleich im Dienst der Vernunft, und im Dienst des vernünftigen Denkens nimmt das Kind von allem Anfang gierig, ja geradezu unersättlich Bilder in sich auf. (...) Wir aber wollen hierbei auf den inneren Vorgang achten, das heißt auf die Rolle der Vernunft als erster Ursache, einer Vernunft freilich, die sich erst im Zustande des Keimens befindet.«[82]

An anderer Stelle heißt es bei Maria Montessori: »Der ›normalen‹ kindlichen Natur hingegen eignet das Selbstvertrauen als einer der wunderbarsten Züge, die Sicherheit in den eigenen Handlungen.«[83]

Dabei kommt ein Begriff ins Spiel, der für Montessori zentral war, mit dem wir heute aber unsere Schwierigkeiten haben: »normal«. Wir sehen darin die Norm, also etwas von außen Kommendes, das dem Kind übergestülpt oder nach dem es gemessen werden soll. Wir haben auch die Erfahrungen mit politischen Gewaltsystemen hinter uns, die verkündeten, was »normal« sei und was nicht, und Letzteres war lebensgefährlich.

Montessori hatte ein völlig anderes Verständnis von Normalität. Sie verwandte zum Beispiel in einer Passage, wo verschiedene Entwicklungsstörungen beschrieben werden, ganz unbefangen den Ausdruck »natura normale«, setzte diesen in Anführungszeichen, und meinte damit das Eigentliche, das Ursprüngliche des Kindes.[84] Als Baumeister leben zu können, das war, so ist uns ganz deutlich, für sie Inbegriff von Normalität. Und das nun ist eine Perspektive, die bis heute große Bedeutung hat. Nur würden wir andere Bezeichnungen wählen, »Zentrierung« vielleicht, »die Mitte finden«, »in Balance sein«, »Authentizität« oder – »Eigenwillen«. Letzteres gefällt uns beiden besonders, dies gerade vor dem Hintergrund unserer deutschen Geschichte mit ihrer Vorliebe für den Gleichschritt und der entsprechenden Abwertung des eigenen Willens. Davon ist bis heute noch mehr am Werke, als wir meist denken, gerade an den Schulen.

Unsere Position ist: Motivation speist sich aus der Möglichkeit, nach eigenem Willen leben zu können. Beides hängt eng zusammen. Egozentrische Fixierungen aber sind damit nicht gemeint.

Hierzu ein weiteres Erlebnis von Ingeborg:

Ein Schweizer Theaterpädagoge und Regisseur, der vor vielen Jahren meine Klasse besuchte und mit uns arbeitete, sagte zu mir: »Wenn ich sonst in Klassen komme, sehen alle Schüler gleich aus. Du hast eigenwillige Persönlichkeiten in deiner Klasse.«

Ich habe geantwortet: »Das soll auch so bleiben!

127

Abschließend einige Erfahrungen von Jürgen:

Maria Montessoris Konzept vom Baumeister spricht mir aus der Seele. Ihre Betonung der eigenen Motivation in der Pädagogik halte ich für hervorragend. Ich sage das als jemand, der einmal das war, was man einen guten Schüler nennt. Deshalb habe ich erst Jahre später gemerkt, wie sehr ich in Wirklichkeit während dieser Zeit an mir vorbeigelebt habe. Eigentlich habe ich die Vormittage im halben Dämmerzustand verbracht. Und mittags war ich so müde, dass ich mich hinlegen musste. Ich glaubte damals an die Modediagnose der »vegetativen Dystonie«. Aber als ich mich in der 13. Klasse freiwillig für ein Referat über die russische Revolution gemeldet hatte, stürzte ich mich, ohne dass dieses Thema von vornherein so herausragend interessant gewesen wäre, dermaßen in die Erforschung, dass mein Vortrag nach mehreren Unterrichtsstunden gestoppt werden musste! Endlich etwas Eigenes! Ohne im üblichen Sinne unter der Schule gelitten zu haben, war mir das dortige Befolgen vorgegebener Aufgaben offensichtlich so zuwider, dass ich später beim Erlernen neuer Sprachen auf keinen Fall mehr einen Kurs besuchen wollte, sondern es auf meine Weise machte mit Büchern und mit Sprechen im jeweiligen Lande.

Wie ein roter Faden durchzieht es mein Leben, den eigenen Weg gehen zu wollen. Manchmal wurden mir da ein paar Steine in den Weg gelegt, aber das als solches war nicht so bedeutsam. Die eigentliche Problematik lag, wie mir erst in langem zeitlichem Abstand klar wurde, von früher Kindheit an in der fehlenden Verständigungsmöglichkeit über das wirklich Wesentliche, das Eigene. Um das zum Ausdruck bringen zu können, wäre das entsprechende Entgegenkommen der Erwachsenen nötig gewesen. Das fehlte keineswegs völlig, aber doch in wichtigen Bereichen. Von daher klingt bei Sätzen wie den folgenden viel in mir an:

»Wenn es sich richtig ausdrücken könnte, würde das Kind uns wohl erklären, dass es im Grunde seiner Seele keinerlei Zutrauen zu unseren Fähigkeiten hat – genauso wenig, wie wir zu den seinen –, denn unsere Art des Denkens ist ihm unbegreiflich. So kommt es, dass Erwachsener und Kind einander nicht verstehen können.«[85]

Aber dieses Verstehen ist so wichtig. Und es ist möglich.

# Das »abwegige« Kind

Mit dem »abwegigen« Kind liegt ein Übersetzungsfehler vor.

Beim sorgfältigen Studieren von Montessoris wichtigem Buch *Kinder sind anders* stolperten wir an einigen Stellen. Das lag offensichtlich an heute etwas antiquiert wirkenden Formulierungen des deutschen Textes. Ein Problem war das nicht, stets wurde uns schnell klar, was gemeint war.

Doch an einer Stelle war das anders, wir erschraken regelrecht:

»Aber gerade daran zeigt es sich am deutlichsten, dass beim abwegigen Kind eine Intelligenzverminderung vorliegt, weil es nicht Herr seines Verstandes ist und ihn nicht zur vollen Entfaltung bringen kann.«[86]

Was ist denn das: ein »abwegiges« Kind? Das passt nicht zu Montessoris sonstigem Denken. Hier wird doch ein Kind in eine Schublade gesteckt und noch dazu mit einem sehr negativen Etikett versehen: »abwegig«. Und dieses Wort steht nicht einmal in Anführungszeichen!

Wir schauten deshalb im italienischen Original nach, und hier hieß es: »il bambino deviato«[87]. Das Wort »deviato« bedeutet »umgeleitet«. Bekannt ist von Italienurlauben her das Straßenschild »deviazione« – »Umleitung«. Bei »deviato« geht es zentral darum, von einem Weg abgekommen zu sein. Darin ist noch ein Prozess, ein Vorgang sichtbar, es handelt sich nicht um einen seit eh und je so gegebenen Zustand. Das Wort »abwegig« suggeriert aber so etwas. Hätte Montessori tatsächlich solch eine abwertende Zuschreibung vornehmen wollen, wäre nur das Wort »deviante« infrage gekommen. Dies bedeutet »abweichend« im Sinne von »abnorm«. Aber das hat sie eben nicht!

Gemeint ist von ihr ein Kind, das von seinem eigenen Weg abgekommen ist oder davon abgebracht wurde. Dieser eigene Weg aber, so haben wir es schon an verschiedenen Stellen beschrieben, gehört für Maria Montessori zum A und O gelingender kindlicher Entwicklung. Sie erhebt hohe Ansprüche gegenüber den Erwachsenen, das Kind dabei zu unterstützen. Sofern sie sich überhaupt einmal abwertend äußerte, dann in Richtung der Erwachsenen. Aber niemals hätte sie das Verhalten des Kindes ihm selbst als sein Versagen oder als seine feste »Charaktereigenschaft« vorgehalten, wie es bei »abwegig« mitschwingt, als sei dieses Kind ein für alle Mal »daneben«. Ein solches Wort (italienisch: errato, assurdo, fuor di luogo), also etwas im Sinne von »seltsam«, »verschroben«, würde sie nie mit einem Kind in Verbindung bringen!

Ein Kind, das von seinem Weg abgekommen oder davon abgebracht worden ist, wie kann man das im Deutschen nennen? Das ist eigenartigerweise nicht leicht. Wir haben durchaus Verständnis für die Schwierigkeiten beim Übersetzen dieses Ausdrucks »il bambino deviato« und für den daraus entstandenen Übersetzungsfehler. Wir schlagen die Bezeichnung »fehlgeleitetes Kind« vor. Das ist nicht sehr elegant, aber einigermaßen zutreffend. Dann schwingt mit, dass hier ein Prozess, eine Entwicklung zugrunde liegt. Und die Umgebung der Erwachsenen hat dabei auf jeden Fall eine Rolle gespielt. Es ist nicht einfach ein »Defekt« des Kindes, wie es im Wort »abwegig« anklingt.

Aber wir sind immer noch nicht zufrieden damit. Sehr nachdenklich macht es uns nämlich, dass dieser Übersetzungsfehler unseres Wissens nie wirklich aufgefallen ist, nicht in Ausbildungskursen, nicht an Schulen. Hat man also Montessori »so etwas« zugetraut?

Wie dem auch sei, wir bewegen uns hier auf äußerst schwierigem Terrain. Es geht um die Frage nach den »Normalen« und den »nicht Normalen«, nach der Definition von »Normalität« und »Abweichung«. Besonders im 20. Jahrhundert wurde das vielerorts zu einer Frage von Leben und Tod.

Vor diesem Hintergrund fällt es schwer, auf Montessoris Gedanken zur »Normalisierung« einzugehen, die sie im Zusammenhang mit den »bambini deviati« entwickelt. Grundsätzlich sind ihre Ausführungen sehr interessant, aber von heute her gesehen doch auch problematisch. Das wäre Stoff für ein eigenes Buch.

# »Da habe ich einen Fehler gemacht«

Zentriert zu sein fällt oft nicht auf, wirkt so selbstverständlich, so fließend. Dafür steht die folgende Erfahrung von Ingeborg:

Mit einer Gruppe von 20 Studentinnen und Studenten des Studiengangs Grundschuldidaktik war ich als Lehrbeauftragte der Universität Augsburg in meiner »alten« Montessori-Schule Wertingen zur Hospitation.

Kinder der Grundstufe hatten sich vorbereitet, uns in zwei Gruppen die Arbeit mit Montessori-Material vorzustellen. Tom, so will ich ihn nennen, ein Junge von acht Jahren, hatte sich das Markenspiel zur Multiplikation vorgenommen.

Tom arbeitete äußerst konzentriert und erklärte seine Arbeitsschritte deutlich. Alle folgten gebannt. Am Ende verglich er sein Ergebnis mit der Lösung auf der Rückseite der Aufgabenkarte und wandte sich an die Zuschauer: »Da habe ich einen Fehler gemacht.« Ganz selbstbewusst sagte er das, lächelte dazu, fand das Ganze nicht tragisch und meinte zu seiner Lehrerin: »Das mache ich gleich noch mal.« Leider war das nicht möglich, da unsere Zeit nicht mehr reichte. Er sagte daraufhin: »Dann mache ich es gleich morgen früh in der Freiarbeit!«

Das war für die Studenten ein fast unglaubliches Erlebnis. So ein selbstverständlicher Umgang mit Fehlern, keine Angst, kein Stress, keine Verzweiflung! Tom hatte sich freiwillig und freudig dazu gemeldet, den Studenten Material zu zeigen, er fühlte sich sehr zu Hause hier an der Montessori-Schule, die er seit der 1. Klasse besuchte, er war sich seiner selbst sicher. Das strahlte er aus. Er war bei sich. Fehler gemacht zu haben – na und! Davon geht die Welt nicht unter. Im Gegenteil: Da kann ich was lernen. So ungefähr wird er es sich gesagt haben. Am liebsten sofort.

Ich erinnere mich an meine eigene Schulzeit, an mein Studium, an meine praktische Ausbildung zur Lehrerin. Fehler waren tabu! Furchtbar, grausam! Fehler durften uns nicht passieren! Der Satz »Durch Fehler lernen wir« war mir fremd. Wir wurden fertiggemacht, abgekanzelt, wenn wir zum Beispiel in unseren vorbereiteten Stunden einen Einstieg gewählt hatten, der den Ausbildern nicht passte. Wie hat sich das ausgewirkt? Wie ist das heute? Kann ich Fehler zugeben, so wie Tom? Kann ich sie als Etappe auf meinem Entwicklungsweg sehen? Oder bin ich noch dem alten Bild verhaftet, wonach gerade Lehrerinnen und Lehrer keine Fehler machen dürfen? Das sind doch absurde Ansprüche!

Nach der Hospitation entwickelte sich in der Studentengruppe ein lebhaftes Gespräch über Fehler, die in Schulen und anderswo gemacht werden.

Wie zeigen sich Fehler aus dem Blickwinkel von Jürgens Beratungsstelle?

Familien kommen zu uns, weil etwas nicht so läuft, wie sie oder der Kindergarten oder die Schule es sich vorstellen. Sie kommen in gedrückter Stimmung. Sie sagen es nicht oder erst später: Was sie oft erwarten, bewusst oder halb bewusst, ist so etwas wie ein Schuldspruch. »Sie, die Eltern, sind schuld daran, dass Ihr

Kind in der Schule nicht mitkommt!« Oder: »Du, Markus, mit deinen Aggressionen bist schuld daran, dass deine Eltern Kummer haben und sich streiten!« Das ist furchtbar.

Ich werde ungläubig angeschaut, wenn ich dann erkläre: »Es geht hier nicht um Schuld.« »Wieso denn nicht? Mein Mann ist doch so streng!« »Es geht viel eher um Fehler.« »Ja und? Was ist der Unterschied?« »Es als Fehler zu sehen, hat den Vorteil, dass wir uns nicht ganz so verdammen wie bei der Schuld. Immerhin.« »Da ist was dran.« »Und dann, wir alle wissen doch eigentlich: Fehler zu machen ist in Wirklichkeit unvermeidbar. Fahren Sie einmal mit dem Auto quer durch München, ohne auch nur den kleinsten Fehler zu machen, ist das realistisch?« »Das stimmt.« »Also: Statt sich unter Druck zu setzen, auf gar keinen Fall einen Fehler machen zu dürfen, ist es da nicht besser, mit der Möglichkeit von Fehlern zu rechnen, sich darauf einzustellen und dann zum Beispiel ein bisschen langsamer, etwas gelassener zu fahren?« Das ist ein Vergleich, der einleuchtet. »Also meinen Sie, wir haben vielleicht nur Fehler gemacht mit unserem Kind?« »Ja, vielleicht. Sie können mir glauben, ich habe das auch.« »Wirklich?« »Ja. Und noch eins: Ob etwas ein Fehler war, stellt sich oft erst nachträglich heraus. In der Situation aber konnte man das noch gar nicht wissen und hat eigentlich völlig richtig gehandelt.« »Wie?«

Dann bringe ich vielleicht mein Beispiel vom kostenbewussten Autokäufer, der sich deshalb für ein Dieselmodell entschied (oder fünf Jahre früher für einen Benziner). Und kaum hat er es zwei oder drei Jahre, steigen die Dieselpreise oder die Steuer, oder es gibt Probleme wegen der Rußbelastung und so weiter.

135

Konnte er das ahnen? Nein. Aber Eltern sollen allwissend sein. Und ganz besonders die Mütter. Sie fühlen sich sowieso an allem schuld.

Von Maria Montessori sind so manche Äußerungen aufgeschrieben, die recht hart klingen und aus denen sich ein strenges Über-Ich bedienen kann. Aber war sie in Wirklichkeit hart? Wir bezweifeln das sehr. Dafür steht auch das folgende Zitat:

»Betrachten wir den Fehler an sich. Es muss zugegeben werden, dass alle irren können, es ist eine Lebensrealität; und wird das zugegeben, ist das ein bedeutender Schritt auf dem Weg zum Fortschritt. (...) So wird es besser sein, dem Fehler gegenüber ein freundschaftliches Verhalten an den Tag zu legen und ihn als einen Gefährten zu betrachten, der mit uns lebt und einen Sinn hat – und den hat er wirklich. Viele Fehler korrigieren sich spontan im Laufe des Lebens.«[88]

# Freiheit, Bindung, Grenzen

Die Polarität von Freiheit und Bindung ist eine Grundlinie unseres gesamten Lebens. Was heißt dabei »Polarität«?

Denken wir an die zwei Pole eines Magneten: Sie sind genau gegensätzlich in ihrer elektrischen Ausrichtung, Nord und Süd wird das genannt oder Plus und Minus. Und zwischen ihnen besteht, unsichtbar für unser Auge, aber mit Geräten messbar, ein intensiver Zusammenhang in Form eines Spannungsfeldes.

Ähnlich ist es mit den Polen von Freiheit und Bindung. Sie sind grundverschieden – und gehören untrennbar zusammen. Fällt einer von ihnen weg, bricht das gesamte Feld zusammen. Freiheit ohne die Sicherheit gelebter Bindung führt ins Leere. Bindung ohne Freiheit aber erstickt.

Unser ganzes Leben von der Schwangerschaft bis zum Sterben entwickelt sich innerhalb dieser Polarität, mal etwas mehr in Richtung Freiheit, mal stärker zur Bindung. Das unterscheidet sich je nach individuellem Menschen, nach Familie und Umgebung und – sehr wichtig – abhängig von der jeweiligen Lebensphase.

Vielleicht am eindrucksvollsten lässt sich das Wirken dieser Polarität bei einem etwa einjährigen Kind beobachten, das mit dem Laufen begonnen hat und nun auf »eigene« Erkundungstouren geht. Es bewegt sich zur Tür, es schaut zurück zur Mutter, es läuft hin zu ihr oder gibt Zeichen, dass sie kommen möge. Es versichert sich der Bindung. Dann der nächste Schritt:

Entdecken der unbekannten Welt hinter der Tür. Und dann, kaum dort angelangt, beim Blick zurück der Faden zur Mutter oder zum Vater abgerissen, alle Kräfte schwinden schlagartig, das Kind sinkt zu Boden und fängt an zu schreien. Die Eltern kommen, nehmen es auf den Arm, es beruhigt sich schnell, und bald setzt es seinen Weg in die Weiten des Lebens und der Freiheit fort, gestärkt durch die Erfahrung, dass auch im Zustand der großen Unsicherheit und der Angst Hilfe zu erwarten ist und nicht eine Katastrophe eintritt. Polarität von Freiheit und Bindung oder, eng verknüpft damit, Polarität von Angst und Vertrauen, Polarität von Sicherheit und Entdecken.

An den Montessori-Schulen ist uns der achtsame Umgang mit diesen grundlegenden Polaritäten unseres Lebens außerordentlich wichtig. Natürlich sagt sich das leichter, als es sich tagtäglich praktizieren lässt in all den vielfältigen Konfliktfeldern des schulischen Lebens. Mal geht das Pendel mehr in die eine Richtung, mal mehr in die andere, unterschiedlich von Schule zu Schule, Klasse zu Klasse, unterschiedlich nach den Persönlichkeiten aller jeweils Beteiligten.

Aber darauf ist unbedingt zu achten:

- dass nicht Freiheit übergeht in Laufenlassen – Freiheit ohne den Boden ausreichender Bindung –
- und Bindung nicht in Unterdrückung – Bindung ohne ein genügendes Maß an Freiheit.

Sonst wäre die Polarität gekippt.

Eine weitere Fehlentwicklung, in die wir mit dieser grundlegenden, aber schwierigen Polarität leicht geraten, liegt darin, dass die eine Seite meint, sich noch immer mehr in ihrer Richtung bewegen zu müssen, damit nicht die »Gegenseite« übermächtig werde. Die Folgen dieses Prozesses lassen sich sehr häufig in der Schule oder in Beratungsstellen bei Eltern feststellen, die sich eindringlich über den anderen Elternteil beklagen: »Wenn mein Mann doch nur nicht so hart und gefühllos wäre!« Hört man ihn dann, ist es eine ganz andere Geschichte: »Meine Frau verwöhnt den Kleinen grenzenlos, da muss ich doch eingreifen, wie soll der denn so verweichlicht durchs Leben kommen?!« Die Rollen können auch umgekehrt verteilt sein. Auf jeden Fall haben beide sich über Jahre hinweg auseinanderentwickelt, jeder von ihnen hat sozusagen ein Extrem in Besitz genommen und verwendet jetzt das »Fehlverhalten« des Partners oder der Partnerin zum Beweis für die eigene Richtigkeit. Für eine gewisse Zeit mag das noch aushaltbar sein, doch auf die Dauer führt es in die Sackgasse von Resignation oder Scheidung und bringt das Kind in enorme Irritation.

Wie sieht es hinsichtlich Freiheit und Bindung in der Lehre von Maria Montessori und bei ihr selber aus? Hat sie nicht den Pol der Freiheit übermäßig betont und den der Bindung vernachlässigt? Das wird gelegentlich kritisch angefragt. Mit starken Worten hob sie immer wieder die eigene Entwicklung der Kinder hervor und fand manche harten Formulierungen, um das Festhalten der Erwachsenen als Unterdrückung zu geißeln. Das kann unter Umständen zu Problemen an Schulen führen. Doch dann wird übersehen, dass die entsprechenden Äußerungen ganz stark getragen waren vom Geist der Liebe, also der Zuwendung zum anderen.

Aber vielleicht, so haben wir beide uns manchmal gefragt, hat sie diese Seite ihrer eigenen Biografie doch nicht so sehr leben können, hat der Kampf um die Durchsetzung in der männerdominierten Gesellschaft sie geprägt und dann der sicherlich sehr belastende Verlust des Sohnes für 14 Jahre. Dadurch wurde ihr wahrscheinlich die konkrete Erfahrung der tief reichenden frühen Bindung zwischen Mutter und Kind vorenthalten oder sie wurde eingeschränkt.

Und wir dürfen auch nicht den Zeitgeist vergessen, der damals, sichtbar etwa an Freud, ihrem großen Pendant auf psychologischem Gebiet, recht individuumsfixiert war. Mit Freud hat sich Maria Montessori in ihren Schriften immer wieder auseinandergesetzt – er sich dagegen nicht mit ihr, was aus unserer Sicht ein großer Verlust für die Psychologie wie für die Pädagogik ist. [89] Seine Tochter Anna allerdings, die Begründerin der Kinderpsychoanalyse, war eine Anhängerin von Maria Montessori.

In Psychologie und Psychotherapie hat sich erst viel später der Blick über das Individuum hinweg in die systemische Richtung, insbesondere zur Familie hin, entwickelt und etabliert. Innerhalb der Psychoanalyse hatte es John Bowlby, der Vater der Bindungsforschung, außerordentlich schwer, mit seinen bahnbrechenden Erkenntnissen Anerkennung zu finden – nur der Blick auf die verinnerlichten Beziehungen von früher galt etwas, nicht der auf die aktuellen Beziehungsgeflechte und -verstrickungen zwischen Eltern und Kindern. Inzwischen haben Beobachtungen von Säuglingen und ihren Interaktionen große Bedeutung erlangt und das Bild von der frühen Entwicklung entscheidend verändert. *Der kompetente Säugling*, so lautet ein bekannter

Buchtitel von Martin Dornes, gestaltet von Geburt an seine Beziehungen aktiv. Erinnert das nicht an Montessoris Baumeister des Menschen?

Wir dürfen nicht übersehen: Auch eine Maria Montessori war ein Mensch ihrer Zeit. Das sollten wir gerade mit Blick auf die Polarität von Freiheit und Bindung berücksichtigen.

Uns beiden jedenfalls ist das Thema »Bindung« ebenso wie das der »Freiheit« außerordentlich wichtig.

Dabei denken wir jetzt zurück an Harald, über den wir im ersten Kapitel »Das hier soll eine Schule sein?« berichteten. Als Grund für dessen erstaunliche Entwicklung beschrieben wir dort, dass er endlich die Möglichkeit hatte, sich seine Arbeit wirklich selbst auszuwählen, also in Freiheit handeln zu können. Dem möchten wir jetzt die andere Perspektive hinzufügen: die Bedeutung der Bindung für ihn.

- Harald hat das Sitzen und Sprechen im Kreis geliebt, das Sich-Binden an die anderen. Menschen in der Klasse – ein Zeichen der Verbundenheit.
- Der Kreis – ein Symbol für Bindung, Halt und Nähe.
- Der Kreis – eine Möglichkeit für Auseinandersetzung, für Diskussion, für das Ansprechen von Konflikten in der Gruppe, auch für Distanz.
- Der Kreis – eine Chance, eine eigene Meinung zu entwickeln und diese vor anderen frei zu äußern.
- Der Kreis – ein Weg, nach Lösungen zu suchen.
- Harald fing an zu begreifen, wie Freiheit und Bindung zusammenhängen. Er merkte, dass er nach Halt und Orientierung suchte, nach einer Bindung aber, die ihm Freiheit zum Atmen ließ.

Das Wort »Verbundenheit« tauchte soeben auf. Es ist uns sehr wichtig. Seine besondere Bedeutung ging uns auf in unseren Gesprächen über seelische Nachwirkungen der NS-Zeit. Die Nazis und andere Gewaltherrscher haben systematisch versucht, die Verbundenheit unter Menschen – in ihren Familien und Religionsgemeinschaften, in Freundschaft, Kollegialität und Solidarität – zu zerschneiden und alles nur auf sich und das jeweilige Programm auszurichten. Das waren und sind Bestrebungen mit mörderischen Konsequenzen: Wer angeblich nicht dazugehörte, etwa zur »Volksgemeinschaft«, war vogelfrei und wurde im Extremfall sogar als nicht mehr zugehörig zur Menschheit erklärt.

Diesem Modell massivster Gebundenheit stellen wir unser Bild einer Verbundenheit zwischen konkreten, lebendigen Menschen gegenüber, die sich in der Polarität von Freiheit und Bindung hin- und herbewegen, sozusagen dazwischen pendeln können. Harald ist ein Beispiel dafür.

- Bindung heißt Verbindung – nicht: Festbinden.
- Bindung bedeutet verbindliches Schwingen, Verbindlichkeit, Wahrhaftigkeit.
- Kinder testen uns auf Verbindlichkeit beziehungsweise Unverbindlichkeit. Sie wollen das ganz genau wissen.
- Bindung bedeutet nicht Unterwerfung.
- Bindung kann Halt geben.
- Sie geschieht im Herstellen eines gemeinsamen Raumes: Ich – Du – Wir.
- Bindung kann Angst machen: Kindern, Lehrerinnen und Lehrern, Eltern.

- Sie bedarf des Gestaltens, immer wieder neu.
- Kinder suchen »Rückbindung« (eigentlich ein zentrales religiöses Thema, aber wie oft von dort her unerfüllt?), suchen Verbundenheit.

Wie können wir unseren Kindern Bindungen ermöglichen, wenn wir selber darin unterentwickelt sind?

Wenn ich (Ingeborg) morgens durch die Flure unserer Schule gegangen bin, sah ich die Kinder im Kreis sitzen, meist in Ruhe. Manche Runden tagten sehr lange, das Bedürfnis nach Verbindung war groß.

Unser Freund Professor Marcelo Viñar, Psychiater und Psychoanalytiker aus Uruguay, der unter der dortigen Militärdiktatur gefoltert wurde und so sehr unter den Schrecken des 20. Jahrhunderts litt, hat in mehreren Klassen unserer Schule mit den Kindern gesprochen. Zwischendrin flüsterte er mir zu: »Ich halte das kaum aus – diese Kinder, dieses Miteinander. Aber – diese Kinder machen mir Mut und Hoffnung!«

Freiheit und Bindung, Bindung und Freiheit, das ist für uns als Eltern und als Lehrerinnen und Lehrer eine große Aufgabe. Lasst uns in Freiheit und Verbundenheit darüber austauschen – zum Wohl der Kinder und mit ihnen.

Verbundenheit und Distanz, Distanz und Verbundenheit, beides gehört zusammen.

- »Dis« heißt: weg.
- »Stare« heißt: Stehen.
- »Distare«: ein wenig weg stehen, Abstand halten, einen eigenen Standpunkt haben.
- Ist Distanz in Beziehungen, in der Erziehung nicht zu negativ besetzt?

- Dürfen Eltern, Lehrerinnen und Lehrer Distanz zu ihren Kindern haben? Heißt das nicht, dass ich keine Liebe, Zuneigung, Sympathie für das Kind habe?
- Oder gibt es bei uns zu viel Distanz in Elternhäusern und Schulen? Interessieren uns Erwachsene die Bedürfnisse des Kindes wirklich? Ist es uns nicht des Öfteren lästig mit ihnen? Halten wir sie uns nicht lieber vom Leib?
- Also: Distanz – ein Stück weit »weg stehen« vom Kind, aber es genau im Auge haben, es sehen, es beobachten.

Bei alldem sind Grenzen wichtig. Die Freiheit, die Freiarbeit sind nicht grenzenlos, es herrscht kein Laisserfaire. Grenzen ergeben sich aus Rücksicht auf die anderen Menschen. Ich kann nicht grenzenlos alles das tun, was mir gerade einfällt, aber einem anderen wehtut, ihn einengt. Grenzen werden oft traditionell als Verbote, Hinweise, Verwarnungen aufgefasst, nicht als Möglichkeit, das Recht und die Würde des anderen Menschen, des Kindes, des Erwachsenen zu achten und zu respektieren.

Und es ist wichtig, dem Hilfsbedürfnis der Erwachsenen Grenzen zu setzen, nämlich dem Kind nicht alles abzunehmen, was schwierig ist und Überwindung kostet, denn dies würde Initiative und Kreativität unterdrücken.

Grenzen entstehen durch das Achten der Bedürfnisse unserer Mitmenschen. Sie bilden sich in der wechselseitigen Begegnung. Viele Erwachsene, Eltern wie Lehrer, haben heute eher Angst, Grenzen zu setzen. Damit erschweren sie es den Kindern, Halt zu fühlen, Sicherheit, Geborgenheit, Beziehung. Sie verhindern auf diese Weise die Prozessbegleitung in der Erziehung, lassen die Kinder allein.

Wenn die Polarität von Freiheit und Bindung im Miteinander gelebt werden kann, ist das Thema »Grenzen« kein wirkliches Problem.

So sieht es auch die bekannte Montessori-Pädagogin Rebeca Wild, die mit ihrem Mann Mauricio eine sehr vorbildhafte Montessori-Schule in Ecuador aufgebaut hat. Ihre Erkenntnisse haben in Europa viel Anklang gefunden. Zum Thema »Freiheit und Grenzen« heißt es bei ihr:

»Grenzen sind also unerlässlich, damit es überhaupt zu freiem Handeln kommen kann. Sie sind die notwendigen Anhaltspunkte, an denen sich jeder Organismus, der durch seine eigenen Membranen lebensfähig ist, auch in der Außenwelt orientieren kann, vergleichbar mit den Konturen eines Puzzles, ohne die es unmöglich wäre, Teilchen für Teilchen zu einem sinnvollen Bild zusammenzusetzen.«[90]

# Beziehung ist das ganze Leben

Dieses Thema ist uns beiden außerordentlich wichtig. Wir haben täglich damit zu tun, beruflich – und miteinander.

Die Bedeutung von Beziehungen zeigt sich gerade dann, wenn es schwierig ist damit. Das galt sehr für diesen Schüler von Ingeborg:

Werner hatte ein sehr schweres Schicksal hinter sich, als er in der 7. Klasse zu uns kam. Elf verschiedene Schulen hatte er schon besucht, eine Sammlung von Gymnasien, Realschulen, Förderschulen, darunter zwei Internate.

Hoch aufgeschossen stand er vor mir. Er wirkte sehr verloren, vereinsamt. Ob er sich würde einleben können?

Zunächst blieb er sehr verschlossen, gab sich cool und lässig. Erst allmählich taute er auf, fing an, die Menschen um sich herum überhaupt zu registrieren, nahm Kontakt auf, vorsichtig, immer auf der Hut.

Zum Glück änderte sich damals seine Lebenssituation zum Positiven hin. Nach ungefähr einem Jahr fing er an, sich wohlzufühlen. Stockend erzählte er von zurückliegenden Erlebnissen. Er begann, Beziehungen aufzubauen: zu den Mitschülerinnen und Mitschülern, den Assistentinnen und mir. Seine vorgeschobene Coolness löste sich allmählich auf. Er konnte direkt, herzlich und fröhlich sein.

Erst als sich sein Beziehungsgefüge stabilisiert hatte, war es ihm möglich, sich in den Leistungen zu steigern, ganz enorm sogar, einfach unglaublich!

»Zwei Jahre, so lange war ich ja noch nie auf einer Schule!«

Als es dann so aussah, als ob er vorzeitig wieder in eine andere Stadt ziehen müsste, haben wir mitgeholfen, dass er bis zum Ende der Schulzeit bleiben konnte. Trotz Bedenken bei ihm und bei uns, ob er wirklich durchhalten würde, bestand er seine Abschlussprüfung.

Doch gleichzeitig begann er, die gerade aufgebauten Beziehungen zu Mitschülern, Assistentinnen und zu mir wieder zu zerschlagen, wie es leider in Abschiedssituationen häufiger vorkommt bei Menschen, die Schweres erlitten haben in Beziehungen und die deshalb nicht genügend Vertrauen und Sicherheit aufbauen konnten.

»Musst du dir alles kaputt machen?«

Diese Frage blieb ohne Antwort.

Ich habe sehr gehofft, dass Werner die bei uns gemachte Erfahrung, fähig zu sein, Beziehungen zu anderen Menschen aufzunehmen und sich dabei wohlzufühlen, helfen konnte, an seiner Ausbildungsstelle und überhaupt im Leben neue und tragfähige Beziehungen zu knüpfen. Er brauchte sie dringend – so wie jeder Mensch.

Beziehung, wie sie in diesem Beispiel über Werner angesprochen ist, stellt ein Grundbedürfnis des Menschen dar und hängt eng zusammen mit Wärme, Angenommensein, Sicherheit. Voraussetzung für den Entwicklungs- und Lernprozess ist, dass diese Grundbedürfnisse erfüllt sind.[91] Das ist die wesentliche Aufgabe der Erwachsenen, der Eltern in besonderer Weise, aber auch von Kindergarten und Schule. Erst dann können die Kinder wirklich lernen und etwas leisten.

In der Montessori-Schule entwickeln sich die Beziehungen wesentlich in der Prozessbegleitung, also nicht als Zweck an sich oder umgekehrt nur als Beiwerk zu einem eigentlich für vorrangig gehaltenen Vermitteln vorgegebener Inhalte und Lernformen. Vielmehr ist es eine gemeinsame Suchbewegung zusammen mit dem individuellen Kind, und darin entwickeln sich untrennbar voneinander Lernen und Beziehung.

Gespräche sind dabei das A und O, Gespräche zwischen allen Beteiligten. Das sind zuerst Gespräche zwischen LehrerIn und Kind. In ihnen geht es um Fragen des Lernens oder auch um Fragen des Lebens oder um beides zusammen. Ebenso wichtig sind die Gespräche zwischen Schule und Elternhaus. Sie bilden Orte des Austauschs. Dazu gehört insbesondere die offene Äußerung von Ängsten der Eltern, von Druck, der durch Verwandtschaft und Umgebung auf die Familie ausgeübt wird oder der von innen kommt, aus dem eigenen Leben. Dahinter steht meist als Frage: Was wird in Richtung Beruf?

Aber es kann noch Wichtigeres geben. Dazu gibt Ingeborg ein eindrückliches Beispiel aus ihrer Schule:

Ein paar Tage schon war mir Maximilian aufgefallen. Er war unruhig, unstet, lief öfters in der Klasse herum. Sein Gesichtsausdruck war finster, traurig, fast depressiv. Seine Unkonzentriertheit schien ihn selbst zu nerven, unlustig hockte er an seinem Platz – er »bekam nichts auf die Reihe«.

Ich fragte ihn, was los sei, und wir setzten uns auf die blaue Couch in der Klasse – ein guter Ort für Gespräche.

Maximilian redete schnell, es quoll aus ihm hervor: »Es hängt mit meinem Freund zusammen. Sein Vater ist schwer krank. Er hat Krebs. Er muss bald sterben. Er ist vor drei Tagen aus dem Krankenhaus gekommen. Ich gehe jeden Tag zu ihm hin. Er freut sich immer, wenn jemand kommt. Jeden Tag geht es ihm schlechter. Das macht mich ganz fertig. Ich muss immer an ihn denken. Aber ich kann ihm nicht helfen.«

Ich fragte Maximilian, ob er und der Vater des Freundes über den Tod gesprochen hätten. »Nein, das traue ich mich nicht.«

Maximilian wirkte so verantwortungsvoll und zugleich hilflos. Ich bewunderte ihn, wie er es schaffte, jeden Tag den Vater seines Freundes zu besuchen. In gewisser Weise machte er das sogar für seinen Freund noch mit, denn dem fiel es äußerst schwer, zum Vater ins Zimmer hineinzugehen.

Ich drückte Verständnis für Maximilians schwierige Lage aus und sagte ihm schließlich, dass es jetzt wichtig sei, sich auf diese Besuche zu konzentrieren, und dass wir ihm eine Auszeit fürs Lernen gäben. Damit wurde ihm der Druck genommen, auch noch etwas Schulisches »schaffen« zu müssen in dieser Zeit.

Unser Gespräch beruhigte ihn wohl etwas: »Das war jetzt gut.« Ich dankte ihm für sein Vertrauen, und in den nächsten Tagen hatten wir viel Blickkontakt und haben auch hier und da miteinander gesprochen.

Nach dem Tod des Vaters seines Freundes brauchte er noch Zeit, bis er wieder Kräfte gesammelt hatte. Die zurückgelassenen Arbeiten holte er auf – das war das geringste Problem.

Aber jetzt erst konnte er sich der Klasse mitteilen. Im Kreis ergriff er das Wort: »Ich möchte euch etwas sagen ...«

# Kooperation Schule – Elternhaus

Ingeborg erinnert sich lebhaft:

»Was, Sie sind im Mathematikbuch erst auf Seite 19? Wie wollen Sie denn den Stoff noch schaffen?«

Ich hatte einen Fehler gemacht. Nicht den, dass ich (!) erst auf Seite 19 war, sondern dass ich dieser Mutter unser methodisches Vorgehen nicht genug erklärt hatte:

- »Nicht ich bestimme, wo das einzelne Kind in den verschiedenen Fächern steht, das macht es selber. Meine Aufgabe ist es, vorzubereiten und zu begleiten.«
- »An unserer Schule arbeitet jedes Kind nach seinem individuellen Tempo und Rhythmus, es gibt also nicht für alle Kinder zu einem bestimmten Zeitpunkt denselben Stand.«
- »Wir brauchen Zeit, Entwicklungsschübe abzuwarten.«
- »Wir brauchen Zeit, sensible Phasen für ein bestimmtes Stoffgebiet zu nutzen.«
- »Wir brauchen Zeit, entwicklungsbedingte Trutz- und Trotzphasen, Auseinandersetzungen und Provokationen zulassen zu können.«

»Ach, Sie haben den Stoff ja doch geschafft! Wie war das möglich? Das ist mir ein Rätsel!«

»Nicht ich habe es geschafft – Ihr Kind!«

Ein Geheimnis weiterhin?

Immer wieder in meiner täglichen Arbeit wurde klar, dass nur eine offene Zusammenarbeit von Schülern, Eltern, Lehrern, Assistenten und eventuell Therapeuten erfolgreiches Lernen und eine lebendige Persönlichkeitsentwicklung ermöglicht. Unter »offen« verstehe ich, dass die Partner fair miteinander umgehen, viel miteinander sprechen, sich gegenseitig nicht ausspielen oder ausspielen lassen, die Kompetenzen des jeweils anderen achten und möglichst wenig nach dem folgenden Muster vorgehen:

- Die Mutter meint: »Ich als Lehrerin würde Hausaufgaben aufgeben!«
- Die Lehrerin meint: »Ich als Therapeutin wüsste schon, was dem Kind fehlt!«
- Die Therapeutin meint: »Ich als Vater würde das ganz anders machen!«
- Der Vater meint: »Ich als ...!«

Das Kind, dem geholfen werden soll, beobachtet das Spiel oder macht oft unbewusst mit, aber fühlt sich letzten Endes sehr einsam und verlassen, nicht wirklich ernst genommen.

Kinder und Jugendliche spüren sensibel heraus, ob gut und ehrlich zusammengearbeitet oder ob »getuschelt« und hinter dem Rücken abfällig geredet wird. Erschwerend kommt oft noch hinzu, dass sie sich gerade in solchen Situationen schnell so verhalten, wie sie annehmen, dass die Bezugspersonen es haben wollen.

So hatte ich einen Schüler, der sich im Klassenverband recht fröhlich und selbstbewusst gab, seine Arbeiten aktiv anging und sich, wenn nötig, von mir und der Assistentin Hilfe holte. Zu Hause dagegen zeigte er sich ganz anders: hilflos, ängstlich und äußerst unselbstständig. Die Eltern kamen fast zwangsläufig zu dem Eindruck, ihr Kind sei überfordert – in der Schule. So entstanden erst einmal erhebliche Spannungen zwischen Schule und Elternhaus. Das erforderte eine Reihe von Gesprächen, in denen wir die Situation klären konnten. Im gleichen Zuge wurde es möglich, Ängste, Vorbehalte und Befürchtungen auszusprechen, Missverständnisse zu entdecken, ohne dass dadurch die Zusammenarbeit zwischen Schule und Elternhaus infrage gestellt war, im Gegenteil: Das Vertrauen wuchs.

Manchmal vermitteln Kinder zu Hause ein schiefes Bild vom schulischen Geschehen, bauschen Winzigkeiten auf, fühlen sich schlecht behandelt von Kindern oder Erwachsenen, sehen nicht, wie ihnen entgegengekommen wird. Sich Zeit zu nehmen, darüber in Ruhe zu sprechen, ist unerlässlich. Nur so kann wirkliches Vertrauen entstehen. Oft haben mir Eltern nach einiger Zeit oder beim Abschluss gesagt, dass auch unter diesen Gesichtspunkten die Montessori-Schule für sie und die ganze Familie ein Riesengewinn war.

So war es bei Familie X, die gleich zwei Kinder angemeldet hatte, Rita für die 5. Klasse und Benjamin für die 3. Für ihn war es wunderbar, dass er in der altersgemischten Klasse 1 bis 4 zu den Größeren gehörte und nicht immer nur »der Kleine« war, wie er sich zu Hause fühlte. Für Rita gestaltete sich der Einstieg etwas schwieriger, sie war an die Rolle der Älteren, der »Vernünftigen« gewöhnt – und jetzt fand sie sich in der Klasse 5 bis 7 bei den Jüngsten wieder. Das Verhältnis der Geschwister änderte sich daheim. Natürlich lief das nicht ohne Spannungen ab, die Eltern waren besorgt. Doch dann merkten sie in unseren Gesprächen, wie wohltuend diese Veränderungen letzten Endes waren, denn es hatte sich insgesamt etwas verfestigt in ihrer

Familie: Die Mutter und »der Kleine« hatten eine Achse gebildet, der Vater und »die Große« ebenso. Indem sich diese Konstellation jetzt auflöste, kam es zu einer neuen, einer besseren Balance zwischen den Familienmitgliedern. Ohne unsere Gespräche hätte leicht das Gegenteil der Fall sein können.

Noch in anderen Bereichen änderte sich das Familienklima, wie die Eltern mir etwas später mitteilten. »Wir können jetzt mehr loslassen, können die Kinder aktiver sein lassen und haben nicht immer das Gefühl, alles in die Hand nehmen, alles ›dirigieren‹ zu müssen, was bei uns zu Hause vor sich geht. Und wissen Sie, was gestern passiert ist? Als wir abends nach schwierigen Verhandlungen mit unserem Vermieter nach Hause kamen, war der Tisch gedeckt, stand eine große Schüssel mit Salat auf dem Tisch und im blauen Topf dampften die Spaghetti! Das war eine tolle Überraschung!«

Solche Erfahrungen haben viele Familien gemacht, wenn sie die Montessori-Prinzipien auch zu Hause für sich genutzt haben.

Natürlich werden auch anderswo Kinder daheim aktiv, also nicht nur im Zusammenhang mit einer Montessori-Schule. Doch auch dort wird man bei genauerem Hinschauen entdecken, dass solche spontanen Handlungen besonders dann auftreten, wenn Freiraum für eigene Entwicklungen, für eigene Initiativen gelassen wird.

Bei alldem, und mögen die positiven Beispiele noch so eindrucksvoll sein, ist uns beiden bewusst, wie dornenreich und schmerzbehaftet dieser gemeinsame Weg für alle Beteiligten sein kann. Das wollen wir nicht verschweigen.

Machen wir uns nichts vor: Es fällt uns als Eltern alles andere als leicht, in Distanz zu gehen zu unseren Kindern. Gerade erst sind sie im Mutterleib herangewachsen, und dann rief der hilflos daliegende Säugling so sehr nach Versorgung, war lebensnotwendig darauf angewiesen, dass für ihn das Richtige getan wurde. Unter großer Unsicherheit und Angst lernten die Eltern, dass *sie* es waren, die wissen mussten, was das Baby jeweils brauchte, denn es sagte nichts, sondern schrie, wenn etwas nicht stimmte, oder wimmerte oder lag im schlimmsten Fall apathisch da. Das sind dramatische Entwicklungssituationen gewesen für beide Seiten, für das Kind wie für die Eltern. So etwas führt zusammen, bindet – und das ist gut so, das ist lebens- und überlebensnotwendig.

Doch jetzt kommen diese Lehrerinnen und Lehrer von der Montessori-Schule und warnen davor, dass Eltern ihre Kinder so ins Verderben führen könnten wie eine Froschmutter mit ihrem Ruf an die Kaulquappen, zu ihr auf die grüne Wiese zu kommen, wie es das Montessori-Zitat zu Beginn des Kapitels »Das Kind als Baumeister des Menschen« darstellt. Das erzeugt Stirnrunzeln, Unverständnis, Ablehnung.

Aber um was geht es dabei? Um die Polarität von Bindung und Loslösung.

Die Zusammenarbeit zwischen Eltern und Schule hat an vielen Montessori-Schulen noch eine weitere Dimension, indem Eltern hier oft sehr intensiv an der Arbeit beteiligt sind. In verschiedenen Bundesländern, so in Bayern, sind diese Schulen von Elterninitiativen gegründet. Die Eltern bilden dann den Trägerverein, der vom Staat als gemeinnützig anerkannt wird und der die

Lehrkräfte anstellt. Verschiedentlich wird neben dem Vorstand auch die Geschäftsführung von Eltern übernommen, Ersteres ehrenamtlich, Letzteres im Angestelltenverhältnis.

So »dürfen« Eltern also nicht nur für den Weihnachtsbasar und andere Schulfeste Kuchen backen und Kaffee kochen. Vielmehr haben sie, so jedenfalls in Bayern an allen staatlich genehmigten Montessori-Schulen, in einem Fünf-Säulen-Modell als Elternsäule (Elternbeirat) und als Vorstandssäule die Aufgabe, die Montessori-Pädagogik an ihrer Schule mitzugestalten, sich an Entscheidungen zu beteiligen und zusammen mit der Säule »SchülerInnen«, »Pädagogisches Team« und dem »Verwaltungsteam« Verantwortung zu übernehmen für das Leben an »ihrer« Schule – für Finanzen, für Schulhaus, Garten, für all das, was die Vorbereitete Umgebung ausmacht und ermöglicht.

Und auch wenn Eltern an diesen genannten Aufgaben nicht beteiligt sind, so gilt auf jeden Fall für alle die bei der Anmeldung ihrer Kinder abgegebene Verpflichtung zu einer bestimmten Zahl von jährlichen Arbeitsstunden für die Schule. Das ist kein Ausbeuten als billige Arbeitskräfte, vielmehr ermöglicht das erst den hohen Standard an Angeboten. Und es nutzt die vielfältigen Fähigkeiten der Elternschaft, anstatt diese ängstlich-abwehrend fernzuhalten. Jeder Mutter, jedem Vater bieten sich somit viele Möglichkeiten, das Leben an der Schule ihres Kindes mitzugestalten.

Dafür sind geeignete Strukturen notwendig, um eine gute Kommunikation, effektive Organisation sowie transparente Entscheidungswege zu erarbeiten und abzusichern. Diese demokratische Zusammenarbeit ist ein wichtiges Vorbild für die Kinder und Jugendlichen einer Montessori-Schule. Dass es dabei zu Konflikten kommt, ist unausweichlich, kann aber auch äußerst produktiv sein. Die Auseinandersetzungen um solche Konflikte mitzubekommen ist immer wieder sehr wichtig für die Schülerinnen und Schüler. Sie leben hier nicht in einer abgeschirmten oder besonders privilegierten Ausnahmewelt, sondern in einer Umgebung, die auch auf Konflikte vorbereitet ist und mit ihnen umzugehen weiß.

Auf solchen Grundlagen lässt sich dann mit Überzeugung sagen: Die Kooperation Schule – Elternhaus macht Spaß und bringt Gewinn für alle Beteiligten.

# Mit Konflikten leben

»Ich muss dringend mit dir über Regina sprechen, ich weiß nicht weiter«, so begrüßte mich (Ingeborg) eine Kollegin gleich am Morgen beim ersten Schluck Kaffee lange vor Unterrichtsbeginn. Schnell wurde klar: Hier war ich als Schulleiterin gefragt für eine fachliche Unterstützung, wie es bei uns in Wertingen gängige Praxis war. Wir machten einen Termin noch am gleichen Tag zur genaueren Besprechung aus.

Die Kollegin beschrieb die Situation so: »Regina ist jetzt in der vierten Woche bei mir, sie wechselte nach der 2. Klasse zu uns. Grund war, dass sie in der staatlichen Grundschule einfach nicht zurechtkam. Die Eltern können sich nicht erklären, warum das so war. Und ich muss sagen, mir geht es allmählich auch so. Regina ist für mich ein Rätsel. Sie ist fleißig, bemüht, eher zu angepasst, macht keinerlei Probleme, ist unauffällig und sehr hilfsbereit, aber jetzt am Wochenende habe ich plötzlich an sie denken müssen, und ich habe gemerkt, dass ich überhaupt keinen inneren Kontakt zu ihr habe. In dieser Hinsicht fällt sie völlig heraus für mich. Oder stimmt bei mir was nicht?«

Wir vereinbarten, dass ich in die Klasse zur Beobachtung kommen würde. Auch das gehörte bei uns zur Routine. So saß ich also ein paar Tage später in dieser altersgemischten Klasse 1 bis 4. Der Morgenkreis begann mit einer Stilleübung. Eine brennende Kerze wurde von Kind zu Kind gereicht. Sie verhielten sich alle sehr andächtig, vorsichtig beim Weitergeben der Kerze, Regina ebenso. Sie lächelte leicht. Danach konnten die Kinder mitteilen, was sie sich für die

Freiarbeit vorgenommen hatten. Regina sagte: »Ich schreibe.«

In der Phase der stillen Freiarbeit holte sie sich ein Arbeitsblatt aus dem Regal, setzte sich an ihren Platz, schaute weder nach rechts noch nach links und begann zu schreiben. Was genau es war, konnte ich von meinem Hospitationsstuhl aus nicht sehen. Sie arbeitete sehr konzentriert, strengte sich offensichtlich an, legte einmal den Kopf auf ihre Hände. In der anschließenden Phase der Freiarbeit, in der die Kinder miteinander arbeiten, sich etwas zeigen, erklären können oder sich Material holen und mit mehreren sich darin üben, arbeitete Regina weiter an ihrem Arbeitsblatt. Einmal schaute sie einem Mädchen und einem Jungen zu, die auf dem Teppich saßen und mit dem Goldenen Perlenmaterial mathematische Aufgaben lösten. Sie zögerte, machte einen Ansatz zum Aufstehen, das schien sie zu interessieren, aber dann blieb sie doch sitzen, schob ihre langen Haare aus dem Gesicht über die Schultern, beugte sich über ihr Arbeitsblatt und schrieb weiter.

Für mich war diese Fixierung auf das Schreiben die zentrale Wahrnehmung während der fast zweistündigen Beobachtung.

Im Reflexionsgespräch teilte ich der Kollegin meine Eindrücke mit und fragte sie, ob daran wohl etwas Typisches war. Oder hatte Regina sich nur heute so verhalten? Verblüfft rief sie aus: »Genau das ist es, sie schreibt und schreibt, ich habe allmählich das Gefühl, das ist reine ›Beschäftigungstherapie‹, aber ich hätte es nicht so sagen können. Erst jetzt, wo es auch von dir kommt, merke ich, wie mich das irritiert hat, wie ich keinen Sinn darin sehe, keinen Fortschritt. Alle meine

Versuche, sie für etwas anderes als das Schreiben zu begeistern, sind fehlgeschlagen! Aber ich habe mich gar nicht getraut, das so zu formulieren, nicht mal für mich selber, denn sie ist doch so bemüht, so fleißig!«

Erst gemeinsam realisierten wir: Hier stimmt etwas nicht. Aber was? Wir stellten schnell fest, wie wenig wir gerade über dieses Kind wussten. Die Eltern fragen? Die rätselten ja selbst. Nein, es war besser, wenn die Kollegin mit Regina sprechen würde, und zwar möglichst unauffällig, eher nebenbei, jedenfalls zunächst einmal.

Zwei oder drei Wochen später, wieder war es in der Frühe, kam die Kollegin aufgeregt auf mich zu, es sprudelte nur so aus ihr heraus: »Stell dir vor, also ich habe es so gemacht, wie wir es besprochen haben, bin ganz sachte an sie herangegangen, wir haben über dies und jenes kurz gesprochen, und gestern, da hab ich mich getraut, da hab ich sie beiseitegenommen und ihr auf den Kopf zugesagt: ›Regina, du hast ein Geheimnis?!‹ ›Ja‹, schoss es da aus ihr heraus, ›ich habe ein Geheimnis, und das weiß niemand: Ich bin dumm!‹«

Meine Kollegin und ich waren beide äußerst bewegt. In welcher Not hatte dieses so unauffällig wirkende Kind offensichtlich gelebt! Und welches Glück, dass sie sich endlich jemandem anvertrauen konnte!

Die Kollegin hat sie getröstet, hat ihr gesagt, das sei doch nicht wirklich so, aber zugleich hat sie es völlig ernst genommen, dass Regina ein solches Selbstbild in sich trug. Wichtiger, als nach den Ursachen zu forschen, war zunächst, ihr möglichst wirksam aus dieser Sackgasse herauszuhelfen. Dazu bot sich, wie auch sonst bei Kindern mit solchen Problemen, das Montessori-Material an. Die Kollegin hat ihr als Erstes das Goldene Perlenmaterial gezeigt, zu dem sie so neugierig hingeschaut hatte. Regina hat zunächst sehr sachte, dann ganz lebendig mit den Perlen addiert, subtrahiert und später multipliziert, die Grundrechenarten eben, die sie bis dahin noch nicht sicher beherrschte und wofür sie sich offensichtlich so geschämt hatte, dass sie diesen und andere »Mängel« hinter dem, was sie zu können glaubte, nämlich Schreiben, verborgen hatte. Sie hat alles getan, damit nicht sichtbar wurde: »In Wirklichkeit bin ich dumm!«

Dies ist ein inneres Drama, das viel mehr Menschen in sich tragen, als man vielleicht für möglich halten möchte.

Was hat das alles aber mit dem Thema dieses Kapitels, mit Konflikten zu tun? Sehr viel. Wir haben dieses Beispiel mit Absicht an den Anfang gestellt. Menschen halten sich für dumm, für minderwertig, für nichtsnutzig oder werden von außen dafür gehalten, und das sieht dann so aus, als wäre das ein fester, ein unveränderlicher Zustand. »Ich bin dumm! Ein für alle Mal!« In Wirklichkeit aber handelt es sich sehr oft um die Auswirkungen verborgener Konflikte.

Beim Thema »Konflikte« denken wir fast automatisch nur an Streitereien, Kämpfe, Kriege, viel zu wenig aber daran, dass oft längst, bevor es zu so etwas äußerlich Sichtbarem kommt, im Stillen schon die heftigsten Konflikte getobt haben können.

Und dafür ist Regina ein gutes Beispiel, gerade in ihrer glücklicherweise so auffälligen Unauffälligkeit. Das innere Drama, das sich offensichtlich seit Langem in ihr entwickelt hatte, aber ganz im Stillen, war, wie sich im Weiteren immer mehr zeigte, über Jahre hin sich zuspitzend eine Ansammlung von inneren Konflikten gewesen: »Ich bin nicht so ›gut‹, wie ich eigentlich sein möchte.« Und dann: »Ich bin nicht so ›gut‹ wie die anderen in der Klasse, wie die Lehrerin es erwartet und die Eltern!« Und dann standen sich ihre Tendenz, nur ja nichts sichtbar werden zu lassen von den vermeintlichen Mängeln, und ihre Neugierde, wie sie sich beim Schielen auf das Material kurz gezeigt hatte, gegenseitig im Wege. Und sie war im Konflikt zwischen ihrer Hoffnungslosigkeit und ihrem eigenen Wunsch und dem der Eltern, dass doch »etwas aus ihr werden sollte«.

Das alles zeigte sich aber erst, als das Schlimmste schon vorbei war, das bleierne Schweigen, also nachdem Regina sich der Lehrerin gegenüber hatte offenbaren können. Und dann haben sich andere Kinder, ohne dass sie von alldem wussten, von sich aus zu ihr gesetzt, so Andrea, mit der zusammen sie oft am Material gearbeitet hat. Regina merkte: Sie gehörte dazu. Sie musste nicht kämpfen um Anerkennung. Und schließlich konnte sie selber lachen, wenn ihr etwas nicht gelang: »Ich muss doch nicht überall super sein.«

Ich habe sie noch viele Jahre an der Schule erlebt. Wenn wir uns auf dem Gang begegneten, hatte ich immer wieder spontan den Eindruck: ein glückliches Kind. Welch ein Unterschied zu damals! Welch ein Wandel, der möglich wurde, als festgefrorene innere Konflikte sich lösen konnten!

Was deren seinerzeitige Ursachen betraf, so haben wir das nie im Einzelnen ausloten können. Wir haben schließlich keine psychologische Arbeit im engeren Sinne gemacht, doch selbst so wäre das möglicherweise nicht zu ergründen gewesen. Die Eltern waren ihr gegenüber immer sehr aufgeschlossen gewesen, die frühere Lehrerin scheint es gut gemeint zu haben, wir haben aus beiden Richtungen nie von grob verletzenden Erfahrungen gehört. Wahrscheinlich war vieles zusammengekommen, kleinere Schwächen, vielleicht hier eine gewisse Entwicklungsverzögerung und dort ein kleiner Begabungsmangel, vielleicht gut gemeinte, aber doch in der jeweiligen Phase ungünstige Äußerungen und dann – oft am schlimmsten – die innere Beurteilung des Kindes selber. Wir kennen die Hintergründe also nicht genau, aber wir waren glücklich über den Weg, den Regina nehmen konnte.

Das Kind als »Baumeister des Menschen« ist voll von Konflikten, so sehen wir es beide in pädagogischer wie in psychologischer Sicht. Es folgt nicht sklavisch einem ein für alle Mal festgelegten Bauplan, sondern dieser entwickelt sich mit ihm in ständig neuen Herausforderungen von innen und außen, er wird überprüft und verändert in unzählig vielen Entscheidungen, Korrekturen, Neuauflagen.

Eine zentrale Aufgabe der Pädagogik ist es, Kinder und Jugendliche auf ihrem Weg durch die verschiedenen Konfliktfelder zu begleiten, ihnen Raum zu geben für das Durchleben von Konflikten, ihnen Wahlmöglichkeiten zur Verfügung zu stellen, sodass sich immer mehr das Vertrauen bilden und festigen kann, mit Konflikten ganz selbstverständlich umzugehen, nicht von ihnen überrollt zu werden, sondern selbst mehr und mehr Herr der eigenen Entwicklung zu sein. Immer wieder werden junge Menschen dabei zu Entscheidungen aufgerufen darüber, in welcher Richtung sie ihren Weg nehmen wollen, den Weg, der am besten zu ihnen passt, und nicht ein Weg, den sich die Pädagogen ausgedacht haben. Das ist es, wie wir Maria Montessoris Konzept des Kindes als Baumeister für die heutige Zeit verstehen und wie Ingeborg es als Lehrerin und Rektorin über viele Jahre hin zu verwirklichen versucht hat. Schule bietet dafür den Raum. Und die psychologische Arbeit an der Beratungsstelle ermöglicht das Gleiche in anderer Weise, aber in derselben Zielrichtung.

Viele weitere Kinder und Jugendliche habe ich (Ingeborg) erlebt, die ebenfalls von solchen inneren Konflikten, wie sie sich bei Regina zeigten, bestimmt waren. Sie tragen diese nur anders aus, nicht so leise, nicht so unauffällig. Vielmehr laut, aggressiv.

Ich denke an Bernd. Er hatte mehrere Umzüge hinter sich, die Eltern waren geschieden, bereits an der Grundschule hatte er sich so auffällig verhalten und ständig den Unterricht gestört, dass er an eine andere Schule verwiesen wurde. In der 5. Klasse kam er auf dringenden Wunsch der Mutter zu uns. Er gab sich »cool«, trug Hip-Hop-Kleidung, wollte als »fitter boy« dastehen. Er war schnell mit der Zunge und der Faust, wenn es um seine Vorteile ging. In immer mehr Streitigkeiten, immer mehr Konflikte war er verwickelt. Er war also der »Typ« von Schüler, an den man als Erstes beim Thema »Konflikte« denkt.

Eines Tages aber – der äußere Anlass war nichtig – brach er zusammen, fing er an zu weinen. Als ich mich zu ihm setzte, sagte er sehr leise: »Ich bin eine Null – und ich werde eine Null bleiben. Da kannst du dir noch so viel Mühe geben!« »Wieso?« Ihm sei an Schulen immer wieder erklärt worden, dass er nichts könne und nichts tauge. Das war furchtbar gewesen. Es hatte ihn fertiggemacht.

Allmählich beruhigte er sich etwas. Dann huschte ein Lächeln über sein Gesicht: »Die hatten alle keinen Humor!«

Meine damalige Assistentin, ausgebildete Erzieherin, und ich haben später mit ihm detailliert geplant, wie er seine tatsächlich vorhandenen unzähligen Lücken nach und nach schließen könnte – wenn es sein Wille war. »Wollt ihr mir wirklich helfen?«, fragte er.

Es hat eine Weile gedauert – wir haben ihn nicht gedrängt –, bis er den Entschluss fasste: »Ja, ich will hier was lernen!«

Sein »Geständnis« hat Mitgefühl bei mehreren seiner Klassenkameraden geweckt, es gab Hilfsangebote sowohl von Jungen als auch von Mädchen. Es ging zwar langsam mit dem Lernen, aber es ging bergauf. Je mehr er gerade durch diese Erfolge seine festgefahrenen inneren Konflikte lockern konnte, desto weniger aggressiv zeigte sich Bernd im weiteren Verlauf, sowohl was die Zunge als auch was die Faust betraf. Er bewies zuweilen viel Witz und theatralisches Talent, das äußere Konflikte in der Klassengruppe dadurch »zerplatzen« ließ.

Seine Mutter, die seinen Prozess engagiert und in fortlaufendem Kontakt mit der Schule begleitete, war überglücklich angesichts seiner positiven Entwicklung und freute sich mit ihrem Sohn. Als er die 9. Klasse mit einem Abschluss beenden und sogar in eine gute Lehre hineinfinden konnte, kam es ihr fast wie ein Märchen vor.

Übrigens: Märchen sind voll von Konflikten.

Mit Konflikten leben – wir haben hier zwei Beispiele von vielen gegeben. Schule ist ein Feld aus unzählig vielen Konflikten. Sie können sich mehr im Inneren abspielen wie bei Regina oder eher lärmend nach außen hin auftreten wie bei Bernd. Konflikte bestehen unter den Schülerinnen und Schülern, mit den Lehrkräften, zwischen diesen, zwischen Schule und Elternhaus im Hinblick auf die Kinder oder auch in der Organisation der Schule. Wer ein Leben am Rande des Erstickens liebt, mag all das verharmlosen nach dem Motto: »Wir sind eine gute Schule, bei uns gibt es so etwas nicht!« Bekömmlicher für das Miteinander und das Lernen aber ist es, Konflikte wahrzunehmen und zu lösen. Wir ziehen diesen Weg vor, und wir möchten allgemein Mut machen, ihn zu gehen.

Was üblicherweise unter Konflikten an Schulen verstanden wird, ist Streit. Dieser ist aber erst eine Zuspitzung von Konflikten, die längst zuvor bestanden haben und um die man sich meist vorher hätte kümmern können.

In dieser Situation mag es zwar wichtig sein, dass Streitschlichter ausgebildet werden, aber es darf nicht übersehen werden, dass an der Entstehung meist die Erwachsenen entscheidend mitbeteiligt waren, also nicht nur die Kinder und Jugendlichen. Sonst wird der bloße Einsatz von Streitschlichtern zu einem Ablenken von den wirklichen Ursachen – und dass es wahrscheinlich besonders eines braucht: Supervision des Teams. Nach unserer Erfahrung ist dies einer der besten Wege, damit in konfliktträchtigen Lebensfeldern, wie es Schule darstellt, wirklich und nicht nur dem Anspruch nach in Frieden miteinander gelebt werden kann.

Sicherlich wäre es gut, wenn wir uns als Lehrerinnen und Lehrer ebenso wie als Eltern immer mal wieder das folgende Zitat von Maria Montessori selbstkritisch vor Augen halten würden:

»Der Erwachsene ist dem Kind gegenüber wirklich ein Blinder, und das Kind ist wirklich ein Sehender und bringt uns als Geschenk eine leuchtende Flamme mit. Beide sind sich ihrer Eigenschaften nicht bewusst und bekämpfen sich gegenseitig in einem finsteren Kampfe, der sich seit Jahrtausenden wiederholt und der sich heute in unserer komplizierten und entnervenden Zivilisation noch akut verschärft hat. Der Erwachsene besiegt das Kind, und in dem zum Erwachsenen gewordenen Kind verbleiben für immer die Merkmale des berühmten Friedens nach dem Krieg, der einerseits Zerstörung und andererseits schmerzliches Angleichen bedeutet.«[92]

Krieg und Frieden sind hier angesprochen. Montessori hat zeit ihres Lebens mit diesen Themen gerungen, hat über die Zusammenhänge der großen Menschheitsfragen und der Pädagogik geschrieben und aufrüttelnde Ideen verbreitet.

Nehmen wir also Konflikte ernst. Konflikte gehören untrennbar zu uns Menschen. Sie sind nicht etwas Böses – sie können es allerdings werden, nämlich wenn in falscher Weise mit ihnen verfahren wird. Für das Leben und zum Frieden erziehen heißt nicht, sich das Harmoniemäntelchen überzustreifen und so zu tun, als gäbe es keine Konflikte.

Ein wichtiger, ganz konkreter Schritt lautet: »Wir reden miteinander, nicht übereinander!«

Mit Konflikten leben ...

# Pubertät – in das Leben hineinwachsen

Diese Lebensphase ist ein Schreckgespenst für viele Eltern. Vielleicht erinnern wir uns aber an unsere eigene Pubertät, eine Zeit der körperlichen, seelischen und sozialen Veränderungen, der Unsicherheit und der Sehnsucht danach, von anderen Menschen akzeptiert und geliebt zu werden, zugleich aber voll kritischer Empfindlichkeit insbesondere gegenüber den bisherigen Hauptbezugspersonen, den Eltern. War es nicht so, dass wir es nicht ertragen konnten, noch »wie kleine Kinder« behandelt zu werden in der Schule, in der Ausbildung und ganz besonders zu Hause? Haben wir uns nicht oft missverstanden gefühlt, ungerecht behandelt und alleingelassen?

Und wie ist es heute? Seit Jahrhunderten klagen Erwachsene, die Jugend werde immer schlimmer – dieses pauschale Lied wollen wir hier nicht anstimmen.

Von vornherein muss anerkannt werden, dass Pubertät nun einmal eine große Krisenzeit ist. Die Umbrüche sind enorm, Spannungen, Probleme, innere und äußere Konflikte sind von daher unvermeidlich. Wenn größere gesellschaftliche Veränderungen hinzukommen – aktuelle Stichworte sind hier Globalisierung, Arbeitslosigkeit, technischer Fortschritt, Deutschland Ost und West, Migration –, verstärkt das unter Umständen noch die Krisen. Das kann in die viel beklagten Phänomene von Gewalt, »Null Bock«, »Werteverfall«, Schulverweigerung, Drogenkonsum, politischem Radikalismus führen. Wer das aber kulturpessimistisch zu einem einzigen Desaster hochstilisiert, übersieht die unzählig vielen Jugendlichen, die mit größter Kreativität ihren Weg suchen im Dschungel der unüberschaubar vielen Möglichkeiten, die neue Orientierungen finden, neue Lösungen, neue Perspektiven und die so manches Mal der Erwachsenengeneration vorführen, wie mit deren Erzeugnissen – Beispiel Computer – umzugehen ist.

Wer meint, heute sei alles unvergleichlich schwierig geworden für junge Menschen, möge sich einmal in die Situation beispielsweise vor hundert Jahren versetzen mit all den gigantischen technischen, wirtschaftlichen, sozialen Umwälzungen der damals rapide voranschreitenden Modernisierung. Vor diesem Hintergrund erscheinen die heutigen Lebensverhältnisse sowohl von Jugendlichen wie von Erwachsenen doch noch ziemlich gesichert. Wir meinen, es besteht weder Grund zum Dramatisieren noch zum bagatellisierenden Abwinken.

Wenn wir dies bedenken, können wir mit großem Interesse darauf schauen, wie in jenen wirklich nicht einfachen Zeiten jemand wie Maria Montessori Pubertät gesehen hat und welche Wege sie für angebracht hielt.

Ihre Befunde lesen sich nicht anders, als wären sie von heute: »Es ist ein Alter der Zweifel und der Unsicherheiten, der heftigen Gemütsbewegungen und der Entmutigung.«[93]

Doch was sie dann an Vorschlägen macht, kann uns aufhorchen lassen. Sie beschreibt nämlich, dass die Jugendlichen, bedingt durch körperliche Veränderungen und innerpsychische Entwicklungen, eher praktische, handwerkliche Tätigkeiten benötigen. Erst später hätten sie wieder mehr Motivation zur Konzentration auf abstrakte Inhalte, also zu dem, was bis auf den heutigen Tag in erster Linie die Inhalte schulischen Lernens ausmacht, gerade auch während der Pubertät.

Außerdem sieht Maria Montessori es als einen Schwerpunkt für dieses Alter an, dass Jugendliche oft ganz neue Aktivitäten mit anderen, für andere und überhaupt ein Gefühl für die Gesellschaft entwickeln, ein Gefühl für Gerechtigkeit und soziale Beziehungen. Voraussetzung dafür sind Freiheiten und Möglichkeiten, dies selbstverantwortlich und nach eigenen Vorstellungen durchzuführen. In diesem Alter interessieren sich Jugendliche für Bedingungen des Lebens, der Umwelt und begeistern sich für Projekte in dieser Richtung.

Um solche praktischen und sozialen Ausrichtungen anzubieten, hat Maria Montessori radikale Veränderungen des schulischen Angebots für Jugendliche vorgeschlagen und dazu einen eigenen »Erdkinderplan« entwickelt. Dieses Wort klingt auf den ersten Blick vielleicht fremd oder altmodisch, doch dahinter stecken viele Ideen, die auch für die heutige Zeit interessant sind. Als Ideal sieht Montessori eine solche Schule auf dem Land, weg von den Eltern, mit einer Gärtnerei, mit Ackerbau, einem Bäcker, einem Restaurant und einem Geschäft, wo die Jugendlichen wirtschaften und auch Geld einnehmen. Dort bieten sich die besten Möglichkeiten, um Zusammenarbeit im Team, Verantwortung, Achtung von Grenzen und Regeln zu erlernen. Innerhalb solcher Tätigkeiten können die Jugendlichen sich gerade den für diese Entwicklungsphase zentralen Lernaufgaben widmen. Sie können ihre Persönlichkeit entwickeln, statt dass sie, wie Montessori kritisiert,

»bis zu ihrer Reife wie Grundschulkinder behandelt (werden). Im Alter von 14 und 16 Jahren sind sie noch immer der kleinlichen Behandlung durch ›schlechte Zensuren‹ unterworfen, mit denen die Studienräte ihre Arbeit abwägen.«[94]

Ist denn so etwas realistisch? Schulen auf dem Land – sind das nicht romantische, nostalgische Vorstellungen von einer »heilen Welt«, die an der heutigen Lebenswelt von Jugendlichen hoffnungslos vorbeigehen?

Hierzu Jürgen:

Ansätze zu solchen Anpassungen des Schulsystems an die Bedürfnisse von Pubertierenden gibt es mittlerweile. Aber leider richten sie sich meines Wissens bisher nur an Jugendliche, die durch große Schwierigkeiten auffallen. Sie können dann zum Beispiel für die letzten Jahre der Hauptschulzeit in sogenannte Praxisklassen gehen. Ansonsten gibt es sogar ein breites Feld von Angeboten, die einer Maria Montessori sicherlich sehr gefallen würden, aber das findet nicht an den Schulen statt, sondern es wird mit enormem Aufwand in der Jugendhilfe angeboten mit Schulsozialarbeit, speziellen Projekten an Schulen, Erlebnispädagogik, mit der Einrichtung von Werkstätten für Jugendliche und junge Erwachsene ohne Schulabschluss und vieles mehr. Aber ist es Aufgabe der Jugendhilfe, grundsätzliche Mängel des Schulsystems auszugleichen? Und kommt das nicht eigentlich zu spät? Müsste nicht direkt vor Ort angesetzt werden, also in den Schulen? Und warum solche Angebote nicht auch für die sogenannten guten Schüler? Ich war einer davon. Hätte ich solche Angebote in der Pubertätszeit gehabt, wäre ich sicherlich nach dem Abitur weniger tief in eine Krise gestürzt. Und ich hätte schon früher erfahren, wie man mit Schraubenschlüssel und Bohrer umgeht. Das hätte mir viel Sicherheit gegeben.

Ingeborg gibt zu diesem Thema ein Beispiel aus der eigenen Praxis, das keineswegs nur an einer Montessori-Schule zu finden ist, allerdings besonders zu dieser Pädagogik passt und von ihr inspiriert ist.

An unserer Schule in Wertingen habe ich im Jahre 2000 die Gründung einer Schülerfirma gefördert und miterlebt. Hier ging es genau um die Verwirklichung solcher Ziele, wie Maria Montessori sie im Erdkinderplan beschrieben hat. Nur fand das nicht fernab auf dem Lande statt, sondern mitten in der Schule und mitten in der Stadt. Diese Schülerfirma war nicht etwa als ein kleines Projekt gedacht, das sich gut beim Sommerfest oder in einem Presseartikel vorführen lässt. Vielmehr sollten in einem Jahre überspannenden Prozess die Kinder und Jugendlichen selber das Geschehen bestimmen.

So stand am Anfang ein Wettbewerb um den geeignetsten Namen. Unter vielen Einsendungen hat der Schülerrat (die Versammlung aller Klassenräte der Jahrgangsstufen 1 bis 10) den Namen »kids@work« ausgewählt. Die Schülerinnen und Schüler waren begeistert. Schneller als manche Erwachsenen begriffen sie, was sich ihnen hier bot:

- theoretisches Wissen in der Praxis auszuprobieren
- sich selbst zu organisieren
- selbst zu entscheiden, was und wie sie etwas tun wollen
- herauszufinden, was sie gern tun und was nicht

- zu erfahren, wie eine Firma wirklich funktioniert
- mit anderen gemeinsam soziale Kompetenz zu erwerben

Die Schülerinnen und Schüler entwarfen die Strukturen, einigten sich auf Regeln und die Aufgabenverteilung. Zur Führung der Firma erwies sich ein Vorstand als praktisch und nützlich. Nur der Aufsichtsrat bestand aus Erwachsenen (Eltern, Fachleute aus der Wirtschaft, Schulsozialarbeiterin, Schulleitung). Dessen Hauptaufgaben lagen in Beratung und Information, keineswegs aber in kleinlicher Kontrolle.

Auch heute, Jahre danach, arbeiten die Abteilungen weiter erfolgreich: die Holzwerkstatt, der Schülerladen, der Pausenverkauf, die Keramikwerkstatt, das Schülercafé, die Buchhaltung. Dabei wurden von den Schülerinnen und Schülern nach und nach neue Zweige erschlossen. Die Arbeit der Schülerfirma findet sowohl am Morgen in der »eigentlichen« Unterrichtszeit statt als auch am Nachmittag innerhalb der Schulstunden oder auch der Freizeit.

Ich war begeistert vom Engagement der Schülerinnen und Schüler, von ihren Ideen, ihrer Verantwortlichkeit und von der Klarheit, mit der sie Regeln aufstellten und auch einzuhalten wussten. Besonders angetan war ich von einem Vortrag, den die Vorstände (damals aus der 8. Jahrgangsstufe) vor einer Versammlung von Schulleitern des Schulamtsbezirks auf Einladung des Schulrats hielten. Auf die Frage eines Rektors, ob sie, die Schüler, durch das große Engagement für kids@work nicht ihre Arbeiten für die Schule vernachlässigen würden, antwortete ein Jugendlicher: »Bei kids@work lerne ich so viel dazu, es macht mir Spaß, ich glaube, auch meine schulischen Leistungen sind dadurch viel besser geworden.«

Pubertät, in das Leben hineinwachsen, was kann man dazu Treffenderes sagen, als es dieser Schüler mit wenigen Worten getan hat? Für den Übergang aus dem eng begrenzten und geschützten Rahmen der Kindheit hinaus in die Weite des selbstverantwortlichen Erwachsenenlebens brauchen wir in besonderer Weise passende Angebote zum Wachsen. Schülerfirmen sind nur ein Beispiel. So etwas kann an allen Schulen durchgeführt werden. Allerdings scheinen uns Montessori-Schulen dafür besonders vorbereitet zu sein mit ihrem zentralen Konzept des Kindes als Baumeister seiner selbst. Jetzt, in der Pubertät, richtet sich der Entwicklungsprozess des jungen Menschen darauf, nach innen und außen zu suchen. Er oder sie wird anders noch als vorher zum Schöpfer einer eigenen Welt und der Welt überhaupt, nicht losgelöst von allem, was andere vorher erschaffen haben, aber auch nicht sklavisch daran gebunden. Das macht die Riesenspannung der Pubertät für alle Beteiligten aus. Wird das nicht ausreichend gesehen, droht das Abrutschen in die Destruktion – hinter der letztlich Verzweiflung steckt. Erleben die Jugendlichen dagegen eine in passendem Sinn haltende und zugleich gestaltende Umgebung, können ihre Kräfte sich nach vorn richten, ins Leben hinein.

Hören wir auf Montessoris Appell an uns Erwachsene:

»Die Achtung vor dem jungen Menschen ist wesentlich. Niemals darf man Jugendliche wie Kinder behandeln: Sie haben dieses Stadium verlassen, und es ist besser, sie so zu behandeln, als ob ihre Tüchtigkeit größer wäre, als sie tatsächlich ist, und nicht ihre Verdienste zu bagatellisieren und zu riskieren, das Gefühl ihrer Würde zu verletzen. Man muss der Jugend genügend Freiheit lassen, damit sie nach einer individuellen Initiative handeln kann. Verschaffen wir ihr also die Mittel, indem wir ihr die Freiheit lassen, schöpferisch zu wirken.«[95]

# Wege in die Berufswelt

Neben der Arbeit im geschützten Raum der Schule ist es für die Montessori-Pädagogik sehr wichtig, die Kinder schon von früh an zeitweilig auch »hinaus in die Welt« zu lassen, natürlich gut vorbereitet und begleitet. Das entspricht dem Bedürfnis der Kinder und besonders der Jugendlichen nach Unabhängigkeit und Verantwortung und kommt ihrer Neugierde und dem Wunsch entgegen, die Welt zu erkunden.

Dabei handelt es sich selbstverständlich nicht um ein standardisiertes Angebot, das überall völlig gleich wäre. Was die Situation konkret in Bayern betrifft, die wir am besten überblicken, so lassen sich hier vor allem folgende Stationen auf diesem Weg beschreiben:

- In der Grundschule werden ab dem 1. Schuljahr regelmäßig Exkursionen unternommen zu Handwerksbetrieben, großen Firmen, sozialen Dienstleistungsunternehmen. Eltern der Klasse beziehungsweise der Schule öffnen vielfach den Weg dazu, übernehmen oft die Organisation und Betreuung der Gruppe. Ihre Kinder sind dann besonders stolz darauf, dass sie mit ihren Klassenfreunden zu Mamas oder Papas Arbeitsstelle kommen. Die Bewunderung der anderen ist ihnen sicher.
- »Schule vor Ort«: Vom 5. bis zum 7. Schuljahr machen die Schülerinnen und Schüler für eine Woche erste Praktika in solchen Arbeitsstellen. Sie werden dort nach vorheriger Vereinbarung fest von einem Mitarbeiter betreut und von der Schule mindestens einmal besucht. Für die staatlichen Hauptschulen

ist in Bayern solch ein Praktikum – für zwei Wochen – erst in der 8. Klasse vorgesehen. Wir halten das in der Regel für viel zu spät und haben hervorragende Erfahrungen damit gemacht, dieses Praktikum schon ab der 5. Jahrgangsstufe anzubieten. Die anfängliche Skepsis bei einigen Eltern, Pädagogen und Betrieben war schnell verflogen. Die Praktikumsstelle sollte mit Jugendlichen und Eltern gemeinsam ausgewählt werden und vor allem den Wünschen und Träumen der Schülerinnen und Schüler entsprechen. Die Vereinbarung wird wie ein Vertrag schriftlich zwischen Schule und Betrieb fixiert. Bei eventuellen Schwierigkeiten wird die Schule sofort kontaktiert, sowohl von den Schülern als auch vom jeweiligen Betrieb.

- Im 8. Schuljahr gibt es ein zweiwöchiges Praktikum und im 9. und 10. Schuljahr weitere freiwillige Praktika.

- Ein weiterer Weg in die Berufswelt ist die »Große Arbeit nach Maria Montessori« als eine ganz besondere Facharbeit. Die Jugendlichen suchen sich im 8., spätestens zu Beginn des 9. Schuljahrs ein Thema ihres Interesses, das sie über Monate hinweg bearbeiten und gegen Ende ihrer Schulzeit, aber noch vor den Prüfungen, der Schulöffentlichkeit in einer großen Präsentation vorstellen. Es kann sich um Vorhaben handwerklicher Art handeln (Schreinerarbeiten, Mofa-Reparaturen, Restaurierungen) oder um künstlerische Arbeiten (Blumengesteck, Präsentationen zu einer bestimmten Kunstepoche, Gestalten eines Buches ...) oder um Beiträge wissenschaftlicher Ausrichtung (»Die Geschichte des Klaviers«, »Das Schloss Versailles zur Zeit Ludwig

XIV.«, »Planeten und Meteoriten«, »Geschichte der Kosmetik« ...). Dazu suchen sich die Jugendlichen einen Mentor aus, meistens jemanden aus der Wirtschaft oder aus dem Handwerk, der ihnen zur Seite steht. Jede dieser Großen Arbeiten wird ausführlich dokumentiert und mit Fotos festgehalten.

- Aus dieser Zusammenarbeit und auch aus den Kontakten über die Praktika ab der 5. Jahrgangsstufe hat sich das sogenannte Wirtschaftsforum entwickelt. Es ist ein Highlight des Zusammenwirkens von Schule und Wirtschaft nach dem Motto: »Wir haben, was Wirtschaft und PISA fordern« (Zitat aus der Mappe »Wirtschaftsforum« an der Montessori-Schule Dietramszell). Dieses Wirtschaftsforum ist ein Event, bei dem vor Wirtschaftsvertretern einige Große Arbeiten demonstriert und gemeinsam reflektiert werden.

- Kontinuierlich finden von früh an spezielle Informationsangebote sowohl über die Berufswelt als auch über die weiterführenden Schulen statt. Dazu kommen Vertreter des Arbeitsamts ins Haus, ehemalige Schülerinnen und Schüler berichten über die Erfahrungen auf ihrem weiteren Lebensweg, Benimmkurse, Bewerbungstraining und das Erproben der Situation »Assessment-Center« durch Fachkräfte aus der Berufswelt ergänzen das schulische Angebot.

Insgesamt lässt sich sagen, dass diese verschiedenen Angebote auf größtes Interesse sowohl bei den Kindern und Jugendlichen als auch in den Betrieben stoßen. All das unterstützt das Anliegen der Montessori-Schulen, die eigenen Entwicklungstendenzen der jungen Menschen zur Entfaltung kommen zu lassen.

So können beispielsweise manche Kinder durch ein Praktikum schon frühzeitig die Erfahrung machen, dass handwerkliche Tätigkeiten doch nicht so sehr zu ihnen passen, und das gibt ihnen eine ganz veränderte Motivation für den mehr abstrakten Bereich. Sie informieren sich dann intensiv über die Möglichkeiten, die ihnen weiterführende Schulen bieten, eventuell bis hin zum Erlangen der allgemeinen Hochschulreife, mittlerweile auch über Montessori-Gymnasien und Montessori-Fachoberschulen. Bei anderen Jugendlichen geht die Entwicklung gerade umgekehrt.

Die Resonanz ist groß – hier zwei Stimmen:

- Ein Berufsberater des Arbeitsamts: »Ausgesprochen angenehm empfand ich die rege Diskussionsfreudigkeit der Eltern bei meinem Vortrag sowie ganz allgemein die starke Einbeziehung der Eltern in die Schularbeit. In guter Erinnerung habe ich auch das disziplinierte Gesprächsverhalten der Schüler im Klassenverband. Die Freude von Lehrern und Eltern über das gute Ergebnis der ›Montessori-Abschlussarbeiten‹ konnte ich gut nachempfinden; auch darüber, mit welcher Sicherheit die einzelnen Schülerinnen und Schüler ihre Ergebnisse vor einem großen Publikum vortrugen. Im späteren Berufsleben sind Disziplin, Einsatzfreude, Überzeugungskraft neben guten Fertigkeiten wichtige Eigenschaften. Ich bin überzeugt, die Schülerinnen und Schüler werden ihren Weg gehen.«[96]
- Die Geschäftsleitung einer Firma: »Mir persönlich war die Philosophie und Lehrmethode nach Montessori unbekannt. (...) All diese Erfahrungen überzeugten mich davon, dass die Schüler der Montessori-

Schule Wertingen die notwendige fachliche und soziale Kompetenz haben, um den Ansprüchen der Wirtschaft gerecht zu werden.«[97]

Immer wieder konnte selbst in Zeiten äußerster Lehrstellenknappheit die Erfahrung gemacht werden, dass Schülerinnen und Schüler bereits im 6. oder 7. Schuljahr ernst gemeinte Lehrstellenangebote erhielten, so beeindruckt waren die Betriebe von deren Einsatzfreude und Kompetenz.

Ingeborg berichtet stellvertretend für viele Erfahrungen:

Stefan steht mir vor Augen. Er hatte es geschafft, bis zum 9. Schuljahr sage und schreibe vier Lehrstellenangebote zu »sammeln«. Er hatte die Qual der Wahl. Was machte er? Er beriet sich mit meiner Assistentin und mir. Der eine Betrieb sagte ihm von der Art der Arbeit nicht zu – »zu stumpfsinnig«. Im zweiten ging es ziemlich lasch zu: »Bequem wär's ja, aber was bringt das schon?« Er entschied sich für die Firma, in der er echt gefordert worden war: »Da kann ich was lernen. Da will ich hin!«

Die Sache mit den Lehrstellen hatte aber einen großen Haken: Es war alles andere als sicher, ob Stefan den qualifizierenden Hauptschulabschluss mit staatlicher Prüfung und Ziffernnoten mindestens mit der Gesamtnote Drei schaffen würde. Und der war Voraussetzung, insbesondere bei dem favorisierten Betrieb. Stefan hatte sich aufgrund ausgeprägter Teilleistungsstörungen von Anfang an in der Schule mit der Rechtschreibung schwergetan. Es war nichts anderes zu erwarten als eine Fünf oder Sechs im Diktat. Es galt, sämtliche Kräfte zu mobilisieren – und mit größter Klugheit zu planen. Stefan brauchte für seine Diktatnote einen Ausgleich bei der Textanalyse, die doppelt gezählt wurde, und für die Gesamtnote Ausgleichsfächer, zum Beispiel Musik, Arbeitslehre, Mathematik. Jede Woche bearbeitete er von sich aus eine Textanalyse, kam dann zu mir, »forderte« die Korrektur seiner neuen Aufgabe ein, arbeitete verbissen, denn er hatte ja sein Ziel vor Augen. Und er schaffte trotz einer Fünf im Diktat insgesamt eine Vier in Deutsch und in der Gesamtnote eine glatte Drei!

Es wirkt für Außenstehende oft unglaublich, welche Motivation eine Berufsperspektive für Jugendliche auslöst, vorausgesetzt, sie entspricht wirklich ihrer eigenen Vision.

Ingeborg erinnert sich an Heiko:

Spät am Abend vor der erstmalig an unserer Schule stattfindenden Präsentation der Großen Arbeit rief er mich aufgeregt an. Seine Idee war es gewesen, aus Papier und Pappe das Modell einer »Traumschule« zu bauen. Noch am Vortag hatte er es mir gezeigt, es fehlten nur einige winzige Details. Doch jetzt sah er es ganz anders: »So passt das nicht, meine Idee kommt da nicht rüber, da ist was schief!« Was zu tun wäre, war gar nicht die Frage an mich: »Aber meinst du, dass ich das diese Nacht noch schaffen kann?!!« Ich antwortete ohne zu zögern mit Ja, kannte ich ihn doch als Klassenlehrerin seit fünf Jahren. Ich wusste, wie konzentriert er sich einer Sache widmen konnte, wenn sie ihn wirklich interessierte. Ich fragte mich dabei zwar, ob solche Nachtarbeit denn zu verantworten sei, fand aber, dass ein 15-Jähriger wie er das selber am besten einschätzen kann.

Am nächsten Morgen kam Heiko blass und müde zu den Sprechproben mit Mikrofon für die große Veranstaltung. Am Nachmittag bei der öffentlichen Präsentation stieg er strahlend auf die Bühne und demonstrierte sein Modell sehr gekonnt und souverän und zeigte sich von seiner witzigsten Seite. Für niemanden war es erkennbar, dass hier jemand stand, der fast die ganze Nacht durchgearbeitet hatte. Sein Strahlen war wunderbar. Wir zwinkerten uns nur einmal zu. Dass er großen Beifall erntete, war natürlich sehr schön, doch nicht dafür hatte er alles noch einmal umgeworfen. Sein ureigenster Wunsch war es gewesen, dass alles so stimmig sein sollte, wie er es als Vision im Kopf hatte. Das war die Motivation, die ihn bewegt hatte, und nicht etwa Angst vor einem Durchfallen, das es hier sowieso nicht gab, oder vor dünnerem Beifall als für die anderen.

# Auf und davon –
# Stimmen ehemaliger Schülerinnen
# und Schüler

Wie geht es weiter nach der Schule?

Eigentlich weist diese Frage in viele Richtungen, doch angesichts des schwierigen Arbeitsmarktes stehen die beruflichen Chancen, die sich tatsächlich oder angeblich mit einem bestimmten Schultyp verbinden, oft bereits vor der Einschulung im Mittelpunkt der Überlegungen. Welche Schule bereitet mein Kind am besten auf die Arbeitswelt vor? Und Montessori-Schulen – können sie es, »bringen sie es«?

Dieser verständlichen, aber nicht immer förderlichen Aufgeregtheit möchten wir hier einige Aussagen ehemaliger »Montis« gegenüberstellen. Dabei wird der Blick nicht allein auf die Berufsthemen gelenkt. Die Beiträge stammen aus schriftlichen Rückmeldungen ehemaliger Schülerinnen und Schüler der Schule in Wertingen, um die sie vor einigen Jahren für die Schulzeitung »blau 19« gebeten wurden.

Beginnen wir mit einem Blick zurück auf das, was während der Zeit an der Montessori-Schule erlebt wurde.

»Nach sieben Jahren Regelschule und meinem ersten Hospitationstag in Wertingen war für mich klar: ›Hier möchte ich hin.‹ Es sollte nun mein dritter Schulwechsel werden, doch ich merkte von Anfang an, dass diesmal alles völlig anders ist. Nicht nur das neue Schulsystem ließ mich dem Ganzen mit gemischten Gefühlen gegenüberstehen, auch die Schüler und Lehrer schienen hier irgendwie anders zu sein. (...) Gleich in den ersten beiden Stunden stellte ich mit (...) [mit der Pädagogischen Assistentin] meinen Stundenplan zusammen. Noch nie zuvor machte ich meinen eigenen Stundenplan. Es lag nun an mir, mich richtig einzuschätzen und die entsprechenden Kurse zu wählen. Nicht nur der Stundenplan war neu, hier gab es so einiges, was mich anfangs verwirrte, zum Beispiel durfte während des Unterrichts getrunken und Kaugummi gekaut werden, es gab keine Noten und keine feste Sitzordnung. Außerdem war dies die erste jahrgangsgemischte Klasse, die ich überhaupt gesehen hatte! Doch schon bald stellte sich heraus, dass es in meinem Jahrgang eine Klassengemeinschaft gab, wie ich sie zuvor noch nirgends erlebt hatte. (...) Auch das Verhältnis zwischen Schülern und Lehrern war hier viel intensiver und vertrauter als sonst irgendwo. (...) Nach sieben Jahren Schulfrust lernte ich hier, dass Schule nicht nur Leistung und Frust bedeutet, es ist vor allem das Zwischenmenschliche, von dem ich so viel mitgenommen habe. (...) Ich selbst habe in der Montessori-Schule den QA [= qualifizierender Hauptschulabschluss] geschrieben, doch schon davor war für mich klar, dass ich, wenn irgendwie möglich, hier auch noch die M 10 [= mittlere Reife] machen möchte.«[98] Der Schüler schaffte die mittlere Reife und besuchte danach die Fachoberschule.

Wie klappt eigentlich der Wechsel an eine weiterführende Schule, in der es in mancher Hinsicht ganz anders zugeht? Ist es ein Sprung ins kalte Wasser? Hier folgt eine Antwort, die sicherlich kein Einzelfall ist:

»Am (...) besuchte ich nach einer sehr unruhigen Nacht zum ersten Mal die Wirtschaftsschule in (...).

Obwohl auf einmal alles anders war, kam ich gut zurecht und hatte keinerlei Schwierigkeiten, mich in die Klassengemeinschaft einzufügen. (...) Natürlich gab es am Anfang einige Dinge, die mir seltsam vorkamen, zum Beispiel beantwortete der Lehrer seine Fragen immer selbst und ließ uns auch sonst wenig Gelegenheit, selbst zu überlegen oder eine Lösung zu finden. Was ich auch sehr schade fand, waren die vollgepackten Stundenpläne, die keinerlei Zeit für Gespräche oder eigene Referate ließen. (...) An der Montessori-Schule hatte ich sechs Jahre Zeit, Spaß am Lernen zu entwickeln, und dieser Spaß konnte mir in den letzten zwei Jahren an der Wirtschaftsschule nicht genommen werden.«[99]

Ähnlich heißt es in folgender Zuschrift:

»Über meinen Freund erfuhr ich vom Wirtschaftlichen Gymnasium. (...) Es ist echt stressig, doch ich hoffe, dass ich das packen werde. Später möchte ich ein gutes Abitur haben und Architektur oder Germanistik studieren. Ich bin auch überzeugt, das zu schaffen. Ich bin optimistisch, und wenn ich mich anstrenge, dann wird das schon, und wenn ich es nicht schaffe, dann habe ich es wenigstens versucht. Wir denken und sprechen oft über die Montessori-Schule, und ich weiß, dass ich dir und (...) sehr viel zu verdanken habe. Durch eure Hilfe konnte ich das werden, was ich heute bin. Ich stehe nun mit beiden Beinen auf dem Boden, gehe selbstbewusst und selbstständig durchs Leben!!! Danke euch allen!!!«[100]

Ebenfalls mit deutlichem Selbstbewusstsein blickt hier jemand in sein Leben:

»Wenn alles gut geht, habe ich als Ex-Monte-Schüler mit 21 Jahren meinen qualifizierten Hauptschulabschluss, eine Lehre, Quabi [= qualifizierter beruflicher Bildungsabschluss], Zivildienst und Fachabitur. Ich habe gelernt, mich in den unterschiedlichsten Gruppen einzubringen. Alle diese Erfahrungen geben mir das sichere Lebensgefühl, meine gesteckten Ziele zu erreichen und mich und vielleicht einmal eine Familie immer durchzubringen.«[101]

Natürlich sind die Wege ins Leben auch für ehemalige Montessori-Schüler nicht immer leicht:

»Ich habe die Montessori-Schule von der 7. Klasse an besucht. Ich habe sie mit einem qualifizierten Hauptschulabschluss von 1,8 verlassen. Nachdem ich mich als Schreiner beworben habe, begann ich eine Berufsausbildung in (...) bei der Schreinerei (...). Meine Lehre war zwar nicht immer ein Zuckerschlecken und oft sehr anstrengend, aber ich kann den Beruf nur weiterempfehlen, da man auch sehr viel lernen und seine handwerklichen Fähigkeiten bestens privat nutzen kann. Nach Beendigung meiner Lehre konnte mich mein Chef wegen der schlechten Wirtschaftslage nicht übernehmen. Glücklicherweise bekam ich (...) einen Platz auf der Berufsoberschule in (...), wo ich gerade die Vorstufe fürs Fachabitur mache.«[102]

Oder eine andere Stimme:

»Ich habe die Montessori-Schule ab der 6. Klasse besucht und mich dort recht wohlgefühlt. Im Juli 2000 habe ich meinen qualifizierten Hauptschulabschluss mit 2,8 bestanden. Danach habe ich mich für die Berufsrichtung Hauswirtschaft entschieden und besuchte zwei Jahre die Hauswirtschaftsklasse. (...) Im Juli dieses Jahres werde ich die Prüfung zur Hauswirtschafterin ablegen. Danach werde ich auf eine Fachakademie für Hauswirtschaft gehen, um dort eventuell den Abschluss zur Betriebsleiterin zu machen. Ich habe mir vorgenommen, die Fachhochschulreife dort zu erlangen.«[103]

Beim nächsten Bericht meint man geradezu das milde Lächeln vor sich zu sehen, mit dem er wahrscheinlich geschrieben wurde:

»Die folgenden Zeilen sind vor allem an diejenigen gerichtet, die sich Gedanken oder auch Sorgen um den Abschluss und um die Zeit nach der Montessori-Schule machen. (...) Ich habe mich (mit drei anderen aus meiner damaligen Klasse) entschieden, mit der Wirtschaftsschule in (...) weiterzumachen, um so die mittlere Reife in zwei Jahren zu erreichen. (...) Vieles war uns damals neu: Wir sollten aufstehen, wenn der Lehrer die Klasse betritt, wir bekamen unfreiwillige Hausaufgaben, die Lehrer wollten mithilfe von Ausfragen, Exen und Schulaufgaben unser Wissen testen. Außerdem mussten wir auf einmal nicht mehr selber überlegen, was denn heute für uns wichtig zu lernen sei, sondern die Lehrer sagten es uns! Um ehrlich zu sein, ist das am Anfang ja ganz nett (...). Wobei das mit der Zeit schon langweilig werden kann. (...) Wir haben Lehrer an der Wirtschaftsschule, die uns und unsere alte Schulart sehr schätzen (immer wieder wird uns das gesagt!), und andere, denen das egal ist, von welcher Schule wir kommen, geschweige denn, wie wir heißen. Schlimmstenfalls ist man sogar nur noch eine PC-Nummer. Klassenstärken von 30 aufwärts erwarten einen auch noch, da wäre es wirklich zu viel verlangt, sich von jedem Schüler den Namen zu merken. Wir haben vollstes Verständnis. Trotz alledem haben wir nicht mehr oder weniger Schwierigkeiten wie Schüler, die von der Regelschule kamen. (...) Ich würde auf keinen Fall sagen, dass ich mit dieser neuen Form von Schule Schwierigkeiten hatte, obwohl, ich muss ehrlich zugeben, dass mir doch einige Sachen fehlen! Abgesehen von der genialen alten Klassengemeinschaft ist mir klar geworden, was der persönliche Kontakt mit den Lehrern wirklich bedeutet, und nicht nur der Kontakt mit den Lehrern, sondern auch zu vielen, die an der Schule mitgewirkt haben (Pädagogische Assistenten, Vorstand, Sekretärin, Eltern ...). (...) Ich will auf die Fachoberschule gehen. (...) Sollte ich das überleben, will ich Erfahrungen im Ausland sammeln. (...) Also nur Mut und durchhalten, das gilt vor allem für die Eltern.«[104]

In die gleiche Richtung geht diese Zusammenfassung:

»So, liebe Eltern oder Menschen, wenn ihr bis jetzt das Lesen meines Berichtes durchgehalten habt, verliert sich jetzt eure Angst vor dem Danach? Ich glaube, ihr könnt alle beruhigt sein, eure Kinder finden schon den richtigen Weg – auch nach der Montessori-Schule.«[105]

Und da nun die Eltern schon mehrfach angesprochen waren, geben wir zum Schluss die Stimme einer Mutter wieder:

»Als unsere Jungs an der Montessori-Schule anfingen, war ich hocherfreut über die vielfältigen Möglichkeiten, die ihnen nun offenstanden. Durch die Montessori-Pädagogik konnten sie ihre Stärken und Begabungen entdecken und weiterentwickeln und so mehr Selbstvertrauen gewinnen. Was mich aber am meisten begeisterte, war, dass auch ich als Mutter die Chance bekam, ungeahnte Talente in mir zu entdecken, und sie auch ausüben durfte, und zwar im Rahmen der Elternarbeit. Ich fand dort Aufnahme und Anerkennung, und es machte viel Spaß, mit anderen Müttern und Vätern zusammen etwas zu ›schaffen‹. (...) Aber so viel Freude ich auch hatte – nach zehn Jahren war es genug. Die Kinder verließen die Schule, und ich hatte wieder mehr Zeit für mich. (...) Endlich keine Kinder mehr fahren, keine Elternabende mehr. (...) Aber nie mehr das Sekretariat betreten? Nie mehr gemeinsam frühstücken? Nie mehr gemeinsam feiern? Na, so weit musste es ja auch nicht gehen.«[106]

Das also waren einige Stimmen ehemaliger Schülerinnen und Schüler einer Montessori-Schule. In ihnen klingen viele Themen an. Lähmende Angst vor der globalisierten Welt findet sich darin nicht. Es zeigt sich auch, dass nicht etwa neun oder zehn Jahre lang in einem »kuschelpädagogischen Schonmilieu« Selbstständigkeit gespielt und anschließend vor den »Anforderungen des wirklichen Lebens« eingeknickt wurde. Vielmehr haben die ehemaligen »Montis« offensichtlich ein breites Polster an Schlüsselqualifikationen erlernt. Sie konnten auch später in Gruppen arbeiten, sich gegenseitig helfen, verzweifelten nicht so schnell vor zunächst unlösbar wirkenden Aufgaben, kannten sich aus mit kreativen Wegen, erstarrten nicht in Ehrfurcht vor Autoritäten. Das Berufliche steht zwar im Mittelpunkt der Berichte, doch es geht auch um die Bedeutung des sozialen Miteinanders und um die Ablösung von den Eltern und die Suche nach den eigenen Koordinaten für den weiteren Lebensweg. Das sind die großen Entwicklungsaufgaben in dieser Lebensphase. Die Erfahrungen an der Montessori-Schule bilden dabei eine wichtige Grundlage, es kann auf ihnen aufgebaut werden, doch das schließt ein, sich auch von ihnen immer mal wieder zu distanzieren, ihren Wert jeweils neu zu überprüfen.

# Faszination Montessori: Wege für unsere Kinder

Die Montessori-Pädagogik verbreitet sich immer noch weiter über den ganzen Erdball. Das ist erstaunlich für eine Lehre, die ihren Durchbruch schon vor 100 Jahren hatte. Der Bedarf an Montessori-Kinderhäusern und -Schulen ist riesengroß. Warum nur? Was liegt an den Schwächen des herkömmlichen Systems, was an den besonderen Vorzügen der Montessori-Pädagogik?

Wir haben das für uns Zentrale dieser Pädagogik herausgearbeitet: das Kind selbst als Quelle der Entwicklung. An ihm haben die Bemühungen der Erwachsenen sich zu orientieren, ihm haben sie Raum zu geben. Das Kind ist der Baumeister des Menschen. Damit es das sein kann, muss es den innerlich angelegten Bauplänen folgen können. Die Erwachsenen haben dabei die hohe Aufgabe des Begleitens, Förderns, Schützens. Anderenfalls kommt es zu Fehlentwicklungen.

Das ist keine idealistische, weltfremde Lehre. Vielmehr stammt sie aus der lebendigen Praxis und hat sich wieder und wieder im konkreten Alltag bewährt – bis heute. Dieses Buch ist voll von Beispielen dafür. Es geht wirklich. Kinder können sich auf diesem Weg hervorragend entwickeln.

Hier liegen die entscheidenden Gründe für die große Faszination dieser Pädagogik. Menschen spüren: Das ist ein gangbarer Weg in der Unüberschaubarkeit der heutigen Welt. Kinder, die ganz selbstverständlich ihr Lernen selbst organisieren konnten, verzagen auch später nicht so leicht vor neuen Aufgaben. Sie sind es gewohnt, selbstbewusst nach Lösungen zu suchen. Sie kennen es, dabei andere zurate zu ziehen und mit ihnen zusammenzuarbeiten. Das gibt ihnen große Sicherheit für ihr ganzes Leben. Sie kommen gut zurecht in unserer immer rasanter sich verändernden und immer stärker vernetzten Welt. Sie sind vorbereitet. Und sie werden gesucht.

Eigentlich hätte es die flächendeckende Ausbreitung dieser freiheitlichen Pädagogik schon vor 100 Jahren gebraucht, als Maria Montessori damit an die Öffentlichkeit getreten war. Auch das war eine Zeit radikaler Umbrüche und Infragestellungen. Stattdessen entschied man sich in weiten Teilen der Welt für den Rückschritt, für die Zuspitzung des autoritären Prinzips: Die »oben« wissen, was die »unten« brauchen und zu machen haben. Hier ist sie wieder, die Geschichte von der Froschmutter und den Kaulquappen![107]

Natürlich ist uns klar, dass dieser Weg des Vertrauens zum Kind nicht immer einfach ist. Die Hauptschwierigkeiten aber liegen nicht im Kind, sondern bei uns Erwachsenen. Der Montessori-Weg stellt hohe Anforderungen insbesondere an Eltern wie auch an Pädagoginnen und Pädagogen. Wir tragen große Verantwortung. Noch mehr: Für die meisten von uns ist dieser Weg genauso neu wie für die Kinder, nur mit dem Nachteil, dass die machtvollen alten Erfahrungen uns oft behindern. Wir können diese aber nicht einfach über Bord werfen. Vielfach haben wir es nicht selbst erlebt, uns so »unglaublich frei« nach inneren Impulsen entwickeln zu können wie jetzt unsere Kinder oder die Schülerinnen und Schüler. Und so meinen Eltern wie Lehrerinnen und Lehrer des Öfteren aus dieser Unsicherheit heraus, sie »sollten jetzt alles unbedingt richtig machen zum Wohl der Kinder«. Sie sollten und sollten! Und dann lesen sie vielleicht so manchen Satz von Maria Montessori oder von anderen Autorinnen und Autoren nur noch unter diesem Blickwinkel. Das kann zu großen Spannungen führen. Da wäre es gut, auch mal an das Kind in uns Erwachsenen zu denken, es zu Wort kommen zu lassen, freundlich mit ihm zu sein. Hier gibt es so viel zu entdecken. In Wirklichkeit kann dieses Kind wachsen, zusammen mit den Kindern von heute ringsum. Wir müssen uns nur trauen. Und dann merken wir: Auch wir Erwachsenen sind immer noch voll von Entwicklungsmöglichkeiten. Wir entdecken verschüttete Hoffnungen, unerfüllte Eigenwilligkeit, lockende Projekte ...

Dann können Sätze wie die folgenden auch für uns Erwachsene Faszination ausüben und setzen uns nicht unter falschen Druck: »Ohne das Kind, das ihm hilft, sich ständig zu erneuern, würde der Mensch degenerieren. Wenn der Erwachsene sich nicht um Erneuerung bemüht, bildet sich rings um seinen Geist ein harter Panzer, der ihn gefühllos werden lässt, und damit verliert er schließlich sogar sein Herz.«[108] Das klingt streng – aber Maria Montessori sagte es im Zusammenhang mit Gedanken zur Liebe.

Wenn wir hier Liebe ansprechen, so hat das unmittelbar zu tun mit Montessoris Denken. Sie hatte keine Scheu, sich solchen »unwissenschaftlichen« Themen zuzuwenden – widmete ihnen vielmehr große Aufmerksamkeit. Dabei mögen speziell ihre Rückgriffe auf religiöse Anschauungen für heutige Zeitgenossen im ersten Augenblick etwas gewöhnungsbedürftig sein. Aber auch auf diesem Gebiet lässt sie sich nicht in Schubladen packen, nicht in die der Katholikin, als die sie aufgewachsen ist, aber ebenso wenig als Anhängerin östlicher Religionen, mit denen sie sich besonders während ihrer Zeit in Indien befasst hat.

Wir entnehmen ihren Schriften, welch intensiven Bezug sie zur spirituellen Dimension insgesamt hatte.[109] Sie verband Pädagogisches, Psychologisches, Philosophisches, Religiöses. Das konnte in einem einzigen Wort gebündelt sein: »Liebe«. Oder: »Geist«. Oder: »Göttlicher Funke«. Sie schöpfte aus vielen Quellen. Die wichtigste aber war – die Beobachtung der Kinder.

Maria Montessori hat uns bis heute außerordentlich viel zu sagen. Das ist der Grund, warum wir sie oft zitiert haben. Wir sind beide keine Menschen, die sich von Autoritäten abhängig machen mögen. Wir prüfen genau. Maßstab in der praktischen Arbeit und beim Schreiben dieses Buches waren für uns immer die Kinder von heute, waren ihre Bedürfnisse, war das, was für sie angebracht ist. Aber wir merkten wieder und wieder: Maria Montessoris Schriften – oder zumindest sehr vieles daraus – sind hochaktuell. Mehr noch: Sie sind voll von Herausforderungen. Sie stellen uns infrage. Und genau das brauchen wir in der aktuellen Krise der Pädagogik und in einer gesellschaftlichen Situation der tiefen Umbrüche weltweit.

Wenn Eltern sich überlegen, ihr Kind auf eine Montessori-Schule gehen zu lassen, und sich nach der Lektüre dieses Buches nun fragen, wie es konkret an der für sie erreichbaren Schule aussieht mit Altersmischung, Freiarbeit, Berufspraktika und so weiter, dann gilt es das natürlich vor Ort zu erforschen. Hier ist es wichtig, vertrauensvoll aufeinander zuzugehen: Vertrauen in das Kind, aber auch Vertrauen, das zwischen den Erwachsenen, zwischen Elternhaus und Schule wachsen kann. Und vielleicht auch Vertrauen in den göttlichen Funken in uns allen.

Auf jeden Fall sind wir aufgrund vieler Erfahrungen fest davon überzeugt: Die Montessori-Pädagogik eignet sich für alle Kinder. Ohne Ausnahmen. Also auch für sozial benachteiligte Kinder, für Kinder mit Behinderungen oder auch mit unerkannten Hochbegabungen, für Kinder aus Migrantenfamilien, für aggressive Jugendliche, Schulverweigerer oder Kinder mit Teilleistungsstörungen. Es gilt sich auf sie einzustellen. Gleichzeitig sollen aber die Kinder, die das Glück hatten, nicht von solchen Schwierigkeiten betroffen zu sein, ebenso zu ihrem Recht kommen. Mehr noch: Sie machen das Zentrum aus.

Eine gute Mischung unter den Schülerinnen und Schülern zu erreichen und viel darüber nachzudenken und zu diskutieren, das halten wir für unerlässlich. Montessori-Schulen verstehen wir weder als Sammelbecken nur für Kinder mit großen Schwierigkeiten noch umgekehrt als Anstalten für die schnellstmögliche und die vermeintlich risikoärmste Durchschleusung in Richtung Abitur.

Zentrales Anliegen von Montessori-Schulen ist es, sich im Geiste ihrer Urheberin große Mühe zu geben beim Suchen nach dem, was für das individuelle Kind hier und heute das Angebrachte ist: Wege für unsere Kinder.

Und wir haben immer wieder erfahren, dass sie »Schulen mit Herz« sind, in denen auch im ganz »normalen« Schulalltag Gespräche »auf der blauen Couch« möglich sind, die bis zu den grundlegenden Fragen von Leben und Tod reichen können. Gute, tragfähige, vertrauensvolle Beziehungen sind die unerlässliche Grundlage, damit die Kinder seelisch und geistig auf ihre Weise wachsen können und dass sie den Weg gehen, welcher der ihre ist.

# Anhang

## Adressen

*Montessori-Verbände international*

Association Montessori Internationale (AMI)
www.montessori-ami.org

Montessori Europe e.V.
www.montessori-europe.com

*Montessori-Verbände in Deutschland*

Montessori Dachverband Deutschland e.V.
www.montessori-dachverband.de

Deutsche Montessori Gesellschaft e.V.
www.montessori-gesellschaft.de

Montessori-Vereinigung e.V.
www.montessori-vereinigung.de

*Montessori-Verbände in Österreich*

Österreichische Montessori-Gesellschaft
www.montessori.at

Montessori Österreich
www.montessori-austria.at

*Montessori-Verband in der Schweiz*

Assoziation Montessori Schweiz
www.montessori-ams.ch

*Montessori-Landesverbände in Deutschland*

Baden-Württemberg
www.montessori-baden-wuerttemberg.de

Bayern
www.montessoribayern.de

Berlin-Brandenburg
www.montessori-bb.de

Bremen
www.montessori-bremen.de

Hamburg/Schleswig-Holstein
www.montessori-im-norden.de

Hessen
www.montessori-hessen.de

Niedersachsen
www.montessori-niedersachsen.de

Nordrhein-Westfalen
www.montessori-landesverband-nrw.de

Rheinland-Pfalz
www.montessori-landau.de

Saarland
www.montessori-saarland.de

Sachsen
www.montessori-sachsen.com

# Anmerkungen

1  Jürgen Müller-Hohagen: *Psychotherapie mit behinderten Kindern*

2  Jürgen Müller-Hohagen: *Verleugnet, verdrängt, verschwiegen*

3  Montessori-Landesverband Bayern: *Montessori-Schule – Eine Schule für alle*, S. 72

4  Ebd., S. 52

5  Ebd., S. 54

6  Ebd.

7  Ebd., S. 18

8  Maria Montessori: *Die Macht der Schwachen*, S. 165 f.

9  Maria Montessori: *Spannungsfeld Kind – Gesellschaft – Welt*, S. 12

10  Maria Montessori: *Kinder sind anders*, S. 43

11  Ebd., S. 44

12  Ebd.

13  Ebd.

14  Ebd.

15  Ebd., S. 45

16  Ebd.

17  Maria Montessori: *Das kreative Kind*, S. 13

18  Ebd., S. 14

[19] Maria Montessori: *Kinder sind anders*, S. 212

[20] Ebd., S. 49

[21] Ingeborg Müller-Hohagen: »Erziehung zum Frieden nach Maria Montessori«, S. 49

[22] Jesper Juul: »Das kompetente Kind« (Interview), S. 18 ff.

[23] Maria Montessori: *Grundlagen meiner Pädagogik*, S. 21

[24] Maria Montessori: *Kinder sind anders*, S. 153

[25] Ebd., S. 156 f.

[26] Ebd., S. 142

[27] Maria Montessori: *Grundlagen meiner Pädagogik*, S. 20

[28] Ebd.

[29] Montessori-Vereinigung: *Montessori-Material*, Teil 1, S. 6 f.

[30] Maria Montessori: *Die Entdeckung des Kindes*, S. 197

[31] Montessori-Vereinigung: *Montessori-Material*, Teil 1, S. 9

[32] Ebd., S. 79

[33] Maria Montessori: *Spannungsfeld Kind – Gesellschaft – Welt*, S. 71

[34] Maria Montessori: *Die Entdeckung des Kindes*, S. 195. Hier finden sich auch viele weitere Ausführungen zur Stille.

[35] Siehe Hildegard Holtstiege: »Stille«

[36] Ebd., S. 196

[37] Maria Montessori: *Kinder sind anders*, S. 199 f.

[38] Ebd., S. 197

[39] Ebd., S. 43

[40] Edward Mortimer Standing: *Maria Montessori*, S. 316

41  Ebd.
42  Maria Montessori: *Grundlagen meiner Pädagogik*, S. 21
43  Maria Montessori: *Grundgedanken der Montessori-Pädagogik*, S. 17 f.
44  Ebd., S. 18 f.
45  Renilde Montessori: »Das Kind – die letzte Grenze«, S. 63
46  Maria Montessori: *Kosmische Erziehung*, S. 25
47  Ebd., S. 18 f.
48  Ebd., S. 27
49  Ebd., S. 19
50  Ebd., S. 24
51  Ebd., S. 27
52  Ebd.
53  Saskia Haspel: »Kosmische Erziehung gestern – heute – morgen«, S. 239
54  Maria Montessori: *Frieden und Erziehung*, S. 4
55  Ebd., S. 112
56  Näheres hierzu in Ingeborg Müller-Hohagen: »Erziehung zum Frieden nach Maria Montessori«
57  Saskia Haspel: »Kosmische Erziehung gestern – heute – morgen«, S. 242
58  Maria Montessori: *Das kreative Kind*, S. 6 f.
59  Montessori-Landesverband Bayern: *Montessori-Schule – Eine Schule für alle*, S. 72
60  Andreas Schelten: »Berufliche Bildung und Montessori-Pädagogik«, S. 65
61  Carlos G. Wernicke: *Therapie des Kindes*, S. 9
62  Luis Erler: »Vom Sinn und Wert einer Montessori-Schule«, S. 8
63  Siehe etwa Joachim Bauer: *Das Gedächtnis des Körpers*, S. 21 ff.

[64] Gerald Hüther: *Bedienungsanleitung für ein menschliches Gehirn*, S. 61 ff.

[65] Ebd., S. 119

[66] Maria Montessori: *Kinder sind anders*, S. 43

[67] Weiteres ebd., S. 71 f.

[68] Ebd., S. 71

[69] Manfred Spitzer: *Lernen*, S. 10 f.

[70] Ebd.

[71] Ebd., S. 192

[72] Ebd.

[73] Ebd., S. 97

[74] Ebd., S. 161

[75] Gerald Hüther: *Bedienungsanleitung für ein menschliches Gehirn*, S. 62 f.

[76] Siehe etwa Maria Montessori: *Kinder sind anders*, S. 108 ff.

[77] Gerald Hüther: *Die Evolution der Liebe*, S. 96 f.

[78] Joachim Bauer: *Warum ich fühle, was du fühlst*, S. 169

[79] Ebd., S. 173

[80] Manfred Spitzer: *Lernen*, S. 13

[81] Ebd., S. 27

[82] Maria Montessori: *Kinder sind anders*, S. 71

[83] Ebd., S. 174

[84] Maria Montessori: *Il segreto dell' infanzia*, S. 237 Deutsch: *Kinder sind anders*, S. 174

[85] Maria Montessori: Kinder sind anders, S. 79 f.

[86] Ebd., S. 161

[87] Maria Montessori: *Il segreto dell' infanzia*, S. 215

[88] Maria Montessori: *Das kreative Kind*, S. 222

[89] Im Registerband der Gesammelten Werke von Sigmund Freud findet sich nicht ein einziges Mal der Name Montessori!

[90] Rebeca Wild: *Freiheit und Grenzen – Liebe und Respekt*, S. 60

[91] Vgl. Carlos G. Wernicke: *Therapie des Kindes*

[92] Maria Montessori: *Die Macht der Schwachen*, S. 31

[93] Maria Montessori: *Kosmische Erziehung*, S. 133

[94] Ebd., S. 132

[95] Ebd., S. 145

[96] Montessori-Schule Wertingen: *Streifzüge*, S. 68

[97] Ebd., S. 66

[98] Montessori-Schule Wertingen: *blau* 19, Nr. 4/2005, S. 62 f.

[99] Montessori-Schule Wertingen: *blau* 19, Nr. 3/2002, S. 60

[100] Montessori-Schule Wertingen: *blau* 19, Nr. 3/2002, S. 61

[101] Montessori-Schule Wertingen: *blau* 19, Nr. 4/2005, S. 63

[102] Montessori-Schule Wertingen: *blau* 19, Nr. 4/2003, S. 48

[103] Ebd.

[104] Montessori-Schule Wertingen: *blau* 19, Nr. 1/2001, S. 43

[105] Montessori-Schule Wertingen: *blau* 19, Nr. 2/2001, S. 51

[106] Montessori-Schule Wertingen: *blau* 19, Nr. 5/2004, S. 47

[107] Vgl. das Kapitel »Das Kind als Baumeister des Menschen«

[108] Maria Montessori: *Kinder sind anders*, S. 112

[109] Zur Bedeutung dieser Dimension in unserem heutigen Leben finden sich wichtige Hinweise im Buch von Catherine McTamaney: *The Tao of Montessori*, für das auch eine deutsche Ausgabe geplant ist.

# Literatur

Bauer, Joachim: *Das Gedächtnis des Körpers. Wie Beziehungen und Lebensstile unsere Gene steuern,* München: Piper, 12. Aufl. 2008

Bauer, Joachim: *Warum ich fühle, was du fühlst. Intuitive Kommunikation und das Geheimnis der Spiegelneurone,* Hamburg: Hoffmann und Campe 2005

Candolini, Gernot: *Schule der Kinder. Leben und Lernen mit Montessori,* München: Kösel 2007

Dornes, Martin: *Der kompetente Säugling. Die präverbale Entwicklung des Menschen,* Frankfurt/M.: S. Fischer 1993

Erler, Luis: »Vom Sinn und Wert einer Montessori-Schule. Vortrag zur Eröffnung der Wiesbadener Montessori-Schule am 1. Mai 1997«, in: *Informationen aus dem Kinderhaus Elsässer Platz Nr. 11,* Wiesbaden 1997, S. 3–12

Haspel, Saskia: »Kosmische Erziehung gestern – heute – morgen«, in: Eckert, Ela und Ingeborg Waldschmidt (Hrsg.): *Kosmische Erzählungen in der Montessori-Pädagogik,* herausgegeben im Auftrag der Deutschen Montessori Gesellschaft e.V., Berlin: Lit 2006, S. 234–252

Holtstiege, Hildegard: *Maria Montessoris Neue Pädagogik: Prinzip Freiheit – Freie Arbeit,* Freiburg: Herder 1987

Holtstiege, Hildegard: »Stille«, in: *Steenberg (2007),* S. 190–196

Hüther, Gerald: *Bedienungsanleitung für ein menschliches Gehirn,* Göttingen: Vandenhoeck & Ruprecht, 6. Aufl. 2006

Hüther, Gerald: *Die Evolution der Liebe. Was Darwin bereits ahnte und die Darwinisten nicht wahrhaben wollen*, Göttingen: Vandenhoeck & Ruprecht, 4. Aufl. 2007

Juul, Jesper: »Das kompetente Kind«, in: *Mit Kindern wachsen*, Heft 1/1998 (Interview)

Juul, Jesper: *Das kompetente Kind. Auf dem Weg zu einer neuen Wertgrundlage für die ganze Familie*, Reinbek: Rowohlt-TB 2003

Kahl, Reinhard: »Die wunderbare Welt des Lernens«, in: *Süddeutsche Zeitung* vom 10.11.2003

Kaul, Claus-Dieter: *Handbuch für einen ganzheitlichen Weg zur Mathematik in 3 Bänden*, Tegernsee: MoKa 2004

Kaul, Claus-Dieter: *Handbuch zur Kosmischen Erziehung – ein ganzheitlicher Weg zum verantwortungsvollen Umgang mit Mensch und Natur*, Tegernsee: MoKa 2005

Köpcke-Duttler, Arnold, Armin Müller, Martin Schuster (Hrsg.): *Maria Montessori und der Friede*, Freiburg: Herder 2007

Kramer, Rita: *Maria Montessori. Biographie*, Frankfurt/M.: S. Fischer, 6. Aufl. 2004

McTamaney, Catherine: *The Tao of Montessori. Reflections on Compassionate Teaching*, New York: Universe 2005

Montessori, Maria: *Educazione per un mondo nuovo*, Mailand: Garzanti 1970/1991

Montessori, Maria: *Die Entdeckung des Kindes,* herausgegeben und eingeleitet von Paul Oswald und Günter Schulz-Benesch, Freiburg: Herder, 19. Aufl. 2007

Montessori, Maria: *Frieden und Erziehung. Die*

*Bedeutung der Erziehung für die Verwirklichung des Friedens,* herausgegeben und eingeleitet von Paul Oswald und Günter Schulz-Benesch, Freiburg: Herder 1973

Montessori, Maria: *Grundgedanken der Montessori-Pädagogik. Aus Maria Montessoris Schrifttum und Wirkkreis,* Freiburg: Herder, 20.Aufl. 2006

Montessori, Maria: *Grundlagen meiner Pädagogik. Und weitere Aufsätze zur Anthropologie und Didaktik,* Wiebelsheim: Quelle & Meyer, 9. Aufl. 2005

Montessori, Maria: *Il segreto dell' infanzia,* Mailand: Garzanti 1950/1992

Montessori, Maria: *Kinder sind anders,* München: dtv 1992

Montessori, Maria: *Kosmische Erziehung,* herausgegeben und eingeleitet von Paul Oswald und Günter Schulz-Benesch, Freiburg: Herder, 8. Aufl. 2007

Montessori, Maria: *Das kreative Kind. Der absorbierende Geist,* herausgegeben und eingeleitet von Paul Oswald und Günter Schulz-Benesch, Freiburg: Herder, 17. Aufl. 2007

Montessori, Maria: *Dem Leben helfen,* herausgegeben und eingeleitet von Günter Schulz-Benesch, Freiburg: Herder, 2. Aufl. 2007

Montessori, Maria: *Die Macht der Schwachen,* herausgegeben und eingeleitet von Paul Oswald und Günter Schulz-Benesch, Freiburg: Herder, 3. Aufl. 2001

Montessori, Maria: *Schule des Kindes. Montessori-Erziehung in der Grundschule,* herausgegeben und eingeleitet von Paul Oswald und Günter Schulz-Benesch, Freiburg: Herder, 9. Aufl. 2007

Montessori, Maria: *Selbsttätige Erziehung im frühen Kindesalter*, Stuttgart: Julius Hoffmann 1913

Montessori, Maria: *Spannungsfeld Kind – Gesellschaft – Welt. Auf dem Wege zu einer »Kosmischen Erziehung«*, aus nachgelassenen Texten, herausgegeben von Günter Schulz-Benesch, Freiburg: Herder 1979

Montessori, Renilde: »Das Kind – die letzte Grenze«, in: *Das Kind. Halbjahreszeitschrift für Montessori-Pädagogik*, 2. Halbjahr 1994, S. 63 ff. (herausgegeben von der Deutschen Montessori Gesellschaft, Wiesbaden)

Montessori-Landesverband Bayern: *Montessori-Schule – Eine Schule für alle. Das gemeinsame Schulkonzept der Schulen im Montessori-Landesverband Bayern*, München: 3. Aufl. 2005

Montessori-Vereinigung: *Montessori-Material, Teil 1. Handbuch für Lehrgangsteilnehmer*, Zelhem: Verlag Nienhues Montessori 1978

Müller-Hohagen, Ingeborg: »Erziehung zum Frieden nach Maria Montessori. Erfahrungen aus der Schulpraxis«, in: Köpcke-Duttler, Müller und Schuster (2007), S. 47–73

Müller-Hohagen, Jürgen: *Psychotherapie mit behinderten Kindern. Wege der Verständigung für Familien und Fachleute*, Kröning: Roland Asanger, 2., neubearb. Aufl. 1993

Müller-Hohagen, Jürgen: *Verleugnet, verdrängt, verschwiegen. Seelische Nachwirkungen der NS-Zeit und Wege zu ihrer Überwindung*, München: Kösel 2005

Schelten, Andreas: »Berufliche Bildung und Montessori-Pädagogik«, in: Montessori-Schule Wertingen: *Streifzüge*, Wertingen 1999, S. 64 ff.

Schwegman, Marjan: *Maria Montessori. Kind ihrer Zeit – Frau von Welt,* Weinheim: Beltz 2002

Seitz, Marielle und Ursula Hallwachs: *Montessori oder Waldorf? Ein Orientierungsbuch für Eltern und Pädagogen,* München: Kösel, 8. Aufl. 2007

Spitzer, Manfred: *Lernen. Gehirnforschung und die Schule des Lebens,* Heidelberg: Spektrum Akademischer Verlag 2007

Standing, Edward Mortimer: *Maria Montessori. Leben und Werk,* Stuttgart: Klett 1959

Steenberg, Ulrich (Hrsg.): *Handlexikon zur Montessori-Pädagogik,* Münster: Klemm, Ulrich und Oelschläger, 6. Aufl. 2007

Wernicke, Carlos G.: *Therapie des Kindes: Sättigung der Grundbedürfnisse. Dokumentation 1. Internationaler Kongress Festhalten,* Regensburg/Stuttgart: Gesellschaft zur Förderung des Festhaltens (Hrsg.) 1989

Wild, Rebeca: *Freiheit und Grenzen – Liebe und Respekt. Was Kinder von uns brauchen,* Weinheim: Beltz, 2. Aufl. 2004

# Die Autoren

© Ulrike Pfeiffer

*Ingeborg Müller-Hohagen* ist Grund- und Hauptschullehrerin. Von 1978 bis 1994 war sie an der ersten Montessori-Schule Bayerns bei Professor Hellbrügge tätig. Anschließend war sie neun Jahre lang Rektorin der Montessori-Schule Wertingen. Die Autorin ist im Leitungsteam der Montessori-Bildungsakademie (MoBil/München) und dort Referentin. Sie ist außerdem Mitglied im Vorstand des Montessori-Landesverbands Bayern und Lehrbeauftragte der Universitäten Augsburg und München (LMU).

*Dr. Jürgen Müller-Hohagen* ist Diplom-Psychologe und lebt mit seiner Frau in Dachau. Er leitet seit 1986 eine Erziehungs- und Familienberatungsstelle in München und arbeitet als Psychologischer Psychotherapeut in eigener Praxis. Die Montessori-Pädagogik kennt er seit seiner Tätigkeit am Kinderzentrum München bei Professor Hellbrügge (1979 bis 1986).
www.dachau-institut.de

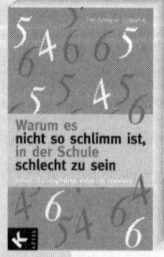